法話エッセイ

日めくり　心の読み薬

～マインドフルネス処方箋～

吉村隆真

はじめに

アメリカの大リーグで、二刀流の日本人選手が活躍しています。高校野球までは、「エースで四番」が代名詞の投打両方に優《すぐ》れた選手も珍しくありませんが、プロの世界ともなれば稀有《けう》な存在です。

さて、フィールドは違いますが、宗教者にもマルチな才能が求められている時代です。私は「話す」「書く」の二刀流を貫《つらぬ》きたいと思っています。法座《ほうざ》や講演で「話す」機会の方が圧倒的に多い私の日常ですが、今回は「書く」ことに徹《てっ》して、読者の心にアプローチします。

本書は『築地新報』の連載をはじめ、これまでに多方面で執筆してきた原稿をベースに再編集したものです。全三十一編の構成になっています。読書が苦手な人にも、気楽に少しずつ読んでもらえるように、一日から三十一日まで毎日読める「一日一編」の「日めくり」形式になっています。

仏教は心のカルテであり処方箋《せん》です。煩悩《ぼんのう》という不治の病を抱《かか》えながらも自覚症状のない私たちに、主治医ブッダ（釈尊《しゃくそん》）は、真正面から包み隠《かく》さず真実を告知し、この難病と向き合って、どのように克服《こくふく》していくべきかを説かれました。

本書は「心の読み薬」です。良薬とは言えませんが、まずはお試《ため》しに、毎日五分間の服用（服読）から始めていただければと思います。あなたの心に変化が起こる頃には、手放せない常備薬になっているかもしれません。副作用はございませんのでご安心を！

最後に、『法話が好きになる本』『心を変える36のレシピ～目からウロコの深イイ法話～』『心が晴れる40のコトバ』に続き、改めて執筆の機会を与えてくださった探究社に、心より感謝の意をお伝えし、巻頭の挨拶《あいさつ》とさせていただきます。

合掌

目次

1

願ってばかりの人生から願われていた人生へといま、目覚めのときです

「一番」「一等」「一位」……、「一」はトップを表し、「一からの出直し」などに使われ、物事の最初や始まりを意味する数字でもあります。

一年の計《けい》は元旦にあり

「一月一日」は年初めの特別な日ですが、毎年度の初日である「四月一日」もまた違った意味を持つ節目の日です。官公庁・学校・企業など、この日から一斉《いっせい》に新年度がスタートします。

さて、ここで三択クイズです。

「四月一日」と書く珍しい苗字《みょうじ》があるのですが、何と読むでしょう？

①　おかわり　　②　わたぬき　　③　たぬき

正解は②番の「わたぬき」さんです。現代では夏服への衣替《ころもが》えは、一般的に六月一日ですが、昔は旧暦の四月一日でした。現在のように、コートやダウンジャケットもなければ、ヒートテックも存在しない時代、先人たちは着物に綿《わた》を詰《つ》めることで防寒対策をしていました。寒《かん》の戻りも心配ない時期を迎えるこの日になると、綿《わた》を抜《ぬ》いて袷《あわせ》にしたことから、四月一日を「綿《わた》を抜《ぬ》く」の意で「わたぬき」と読ませたのでしょう。

二〇一九（平成三十一）年四月一日は、歴史的な意味を持つ日となりました。今上《きんじょう》天皇の退位に伴《ともな》う改元《かいげん》によって、新元号《げんごう》「令和《れいわ》」が発表されたからです。出典《しゅってん》は約一三〇〇年前に書かれた現存する日本最古の歌集『万葉集《まんようしゅう》』で、和書から引用した元号《げんごう》は、歴史上初とされます。

「梅花《うめのはな》の歌三十二首」の漢文で綴《つづ》られた序文を書き（読み）下《くだ》すと次のようになります。

初春《しょしゅん》の令月《れいげつ》にして、気淑《きよ》く風和《かぜやわら》ぎ、梅《うめ》は鏡前《きょうぜん》の粉《こ》を披《ひろ》き、蘭《らん》は珮後《はいご》の香《こう》を薫《かお》らす。

初春の麗《うるわ》しい月が顔を見せ、空気も澄《す》んで風も穏《おだ》やかに吹き渡り、梅の花は鏡の前に座る美しき女性たちが化粧に使う粉（おしろい）のように白く開き、蘭《らん》はその身を飾る香が漂《ただよ》うように薫《かお》っている。

（意訳《いやく》）

ところで、西暦と元号《げんごう》が両方あるのはややこしいと感じる人もいるでしょう。そこで、知ってトクする便利な方法を紹介します。

昭和から西暦に変換する場合、昭和に「二五」を足します。昭和四十八年であれば、「四八＋二五＝七三」で、西暦一九七三年になります。逆に西暦から元号《げんごう》年を求める場合には「二五」を引いて計算します。また、平成から西暦に変換する際は、平成から「一二」を引きます。平成三十一年であれば、「三一－一二＝一九」で、西暦二〇一九年となります。

では、新元号《げんごう》の令和《れいわ》はどうなるでしょう？　同様に「一八」を足し引きすることで求められます。さあ、ここで何かお気づきになりませんか？　令和《れいわ》を数字に語呂合わせすると、見事「〇一八（レイワ）」になるではありませんか。「元号《げんごう》に関する懇談《こんだん》会」のメンバーに選出された有識者たちが、そこまで考えた上で令和《れいわ》に決定したのだとしたら、「あっぱれ！」と「星三つ☆☆☆」を差し上げたく思います。

いずれにしても、大きな節目の年となりました。平成と令和《れいわ》を合わせると「**平和**」の文字が浮かび上がります。名実ともに「**令月《れいげつ》に平和を成す**」時代になってほしいと心より願うばかりです。

さて、多くの日本人の一年は、神社・仏閣《ぶっかく》への初詣《はつもうで》から始まります。「無病息災」「家内安全」「商売繁盛」……、さまざまな願い事を抱《かか》えた人々が押し寄せます。ちなみに、お賽銭《さいせん》に五〇〇円玉を好まない人がいる理由をご存じでしょうか?

答えは、

「それ以上の硬貨《こうか》（効果）がないから」

なんだとか。何とも滑稽《こっけい》ですが、現代人はご利益《りやく》を期待するのにもコスパ（費用対効果）まで考えているのでしょう。

お盆や春秋《しゅんじゅう》の彼岸《ひがん》になれば、先祖を偲《しの》んでお墓参りをし、ハロウィーンでは、若者を中心にコスプレを楽しむ人も増えました。日本では仮装行列ぐらいにしか思われていないハロウィーンですが、元々はヨーロッパ発祥の宗教的な意味合いを持つ行事で、農作物の収穫を祝い、悪霊《あくりょう》を追い払う祭りに由来しているのです。さらに師走《しわす》を迎えると、クリスマスにはイルミネーションで家の内外を装飾し、七面鳥の代わりにチキンを囲んで、無意識にイエスの生誕まで祝っています。ロマンチックな雰囲気に流されるだけで、あまり深く意味も考えないものですから、イブの日に教会の前を通りかかった若いカップルが、

「へぇ～、教会でもクリスマスやるんだね～」

と珍しがったという本末転倒な笑い話もあります。クリスマスは恋人同士で甘い時間を過ごす日とでも勘違いしているのでしょう。

大晦日《おおみそか》には、お寺で除夜の鐘をつき、終わって帰宅するかと思えば、そのまま初詣《はつもうで》に出かけます。まさに宗教のはしごです。

日本人の一生にも触《ふ》れておきましょう。幼子が両親や祖父母に抱《だ》かれてお宮参りをするのは見慣れた光景ですが、すべてのご家庭が神道《しんとう》なのではありません。その証拠に、その子が大人になって結婚式を挙《あ》げる場合には、十字架の前で永遠

の愛を誓っているではありませんか⁉　若い二人は洗礼《せんれい》を受けてクリスチャンになったのではありません。結婚式当日限りの形ばかりのセレモニーです。厄《やく》入りを迎えると、今度は再び神社でお祓《はら》いをしてもらい、「大難は小難に、小難は無難に」との思いから、和国《わこく》（日本）の神さまにリスク回避《かいひ》をお願いするのです。そして、いざ身内が亡くなり、葬儀《そうぎ》や法事となれば、やはり仏式が主流です。

このような態度は「宗教のコンビニ化」とも言えるでしょう。日本人は宗教に関して、好意的に言えば寛容であり、皮肉を込めて言えばルーズなのです。

宗教の「宗」は訓読みで「むね」と読みます。同じ読みの漢字は、他にも「旨」「棟」「胸」などが挙《あ》げられます。これらには共通して「中心」という意味があります。本来、宗教とは人間として生きる上での中心となるものですが、日本人の場合には、ケースバイケースで都合よく使い分けているのです。宗教の本質が問われず、イベント化して商業に利用されているのも残念でなりません。

一般的に、神社・仏閣《ぶっかく》は私たちの願い事を神仏に聞いてもらう場所であるかのように考えられていますが、浄土真宗《じょうどしんしゅう》の寺院は違います。むしろ逆に、ご本尊《ほんぞん》である阿弥陀如来《あみだにょらい》の願いを私たちの方が聞かせていただく場所なのです。

思いどおりになれば

「ご利益《りやく》があった！」

と喜び、反対に思いどおりにならなければ

「神も仏もあるものか！」

と悪態《あくたい》をつくことになる人生には、一《ひと》安心はあったとしても一生涯の安心は訪れません。

苦悩の原因も知らず、あらぬ方向に救いを求めがちな私たちに、

本物の安心を与えたい

という見返りを求めない無償《むしょう》の願いが、すでに届けられていたのです。

願われていることに気づけたならば、願ってばかりの神頼《だの》み人生からは卒業できます。あなたも、そろそろ目覚《めざ》めてみませんか？

2

四つ葉のクローバーを
探すために
三つ葉や名もなき花を
踏んではいけない

私の父は「譲二《じょうじ》」という名前です。長男なのに「一」ではなく「二」です。「譲」は訓読みで「ゆずる」ですから、「一番を譲《ゆず》る」とも解釈できます。「大事なところは相手に譲《ゆず》ることのできる人間になってほしい」との名づけ親の願いが込められてもいるのでしょう。

さて、初詣《はつもうで》の参詣《さんけい》者は、どのような目的で手を合わせているのかを観察してみると、おそらく大半は「無病息災」「家内安全」「商売繁盛」「学業成就《じょうじゅ》」「交通安全」に代表されるさまざまな願い事を神仏に聞いてもらうためのように思えます。それを象徴するかのように、境内の奉納所には多くの絵馬が鈴なりにぶら下がっています。

人間の願いには、大きく二つの特徴があります。

「① 自己中心的であること」

「② 際限がないこと」

です。絵馬に他人の願い事を書く人は少ないでしょう。仮《かり》に書いたとしても、そこに自分自身の損得勘定が少しも混じらないとは考えられません。

ただ、知っておきたいのは、自分の願いが叶《かな》ったとして、その裏側にはとても残酷な現実が隠《かく》されているということです。望みどおりになって、満面の笑みを浮かべている私の知らない場所で、反対に叶《かな》わなかった願いを引きずりながら、悲しい涙に顔を曇《くも》らせている誰かが、必ず一人はいるという現実です。まさに受験は最たる例でしょう。合否は表裏一体ですから、合格者の陰《かげ》には必ず不合格者の存在があるのです。

息子（当時：小三）がスイミングスクールに通《かよ》っていた頃の話です。ある日、進級試験があり、泳ぎが得意な本人は合格できましたが、一緒に通《かよ》っていた仲良しの友だちは、残念ながら不合格でした。すると、

「僕だけ合格してゴメンね……」

と、友だちに声をかけたと申し訳《わけ》なさそうに話してくれたのです。その言葉が言えただけでも、親として息子に金メダルをあげたい気持ちになりました。他者を慈《いつく》しむ心をわが子から教わりました。

合格をめざして一生懸命に受験勉強を頑張っても、やはり不安な気持ちは拭《ぬぐ》えないものです。神頼《だの》みに走る心境が理解できないでもありません。

溺《おぼ》れる者は藁《わら》をもつかむ

最近では、お守りだけではなく、お菓子の「キットカット（きっと勝つ！）」「カール（うか～る）」や「タコのキーホルダー（置《お》くとパス）」も人気のようです。私には単なるダジャレにしか思えませんが、とにかく何にでもすがりたい気持ちなのでしょう。お守りは自信のなさの裏返しです。

受験を終えて、合格発表を待っている受験生や親御さんは、まな板の上のコイのような状態で、生きた心地がしないでしょう。自分自身やわが子の合格を最優先に考えてしまう気持ちは、決して責《せ》められません。私自身もその一人です。しかし、その結果、他者の痛みに鈍感になり、知らず知らずのうちに誰かを傷つけてしまっているとしたら、それは「四つ葉のクローバーを探《さが》すために、三つ葉や名もなき花を踏《ふ》みつける行為」そのものではないでしょうか?

私の幸せが他の誰かの犠牲の上にあったと気づけたときに、人間は表現しようのない悲しさと逃《のが》れようのない罪深さを感じます。また、

「あれがほしい～　これがほしい～」

「ああなりたい～　こうなりたい～」

と、願望（欲望）に振り回されてばかりいると、大切な日常の一コマ一コマが見えなくなってしまいます。

明日に過剰な期待を持って、今日を疎《おろそ》かにする生き方もまた、「四つ葉のクローバーを探《さが》すために、三つ葉やその他の花を踏《ふ》みにじっている行為」と言えましょう。

四つ葉は幸せの象徴とされますが、三つ葉や名もなき花も、それぞれに「みんな尊《とうと》い」と教えるのが仏教です。幸せだから感謝するのではなく、感謝できることが幸せなのです。

私こそが誰かに悲しまれ、誰かから願われていたという事実に目覚《めざ》めることができたとき、今まで見えなかったものが見え、何も感じなかったことにも不思議と意味が感じられてきます。

3

救いの中にある限り
希望はあっても
絶望することはない

「朝起き（早起き）は三文《もん》の徳（得）」「石の上にも三年」「三度目の正直」「三年目の浮気」……、「三」は他の数字と比べても、ことわざや慣用句などに露出の多い数字です。仏教の言葉にも「三界《さんがい》」「三世《さんぜ》」「三宝《さんぼう》」「三業《さんごう》」「三毒《さんどく》」「三輩《さんぱい》」「三福《さんぷく》」「三蔵《さんぞう》」……と、やはり多く登場します。

親鸞聖人《しんらんしょうにん》は、人生を「**難度海**《なんどかい》」と表現されています。「**渡るのが困難な海のようである**」という意味です。視界が不透明な私たちの日常では、災害・事故・病気など、予期せぬ災難や不幸に遭遇《そうぐう》し、悲しみや辛《つら》さに涙することも多々あります。さまざまな悩みや苦しみが、大小の波となって押し寄せては返しての連続が世間の現実でしょう。何の予兆《よちょう》もなく、身の丈《たけ》をはるかに越えるような激しい大波に飲み込まれて、どこまでも果てしなく流されそうになる私たちです。また、欲望や嫉妬《しっと》に代表される自分自身の煩悩《ぼんのう》の波にも足をさらわれて、いつも溺《おぼ》れそうになったり、沈《しず》みそうになったりしています。その私たちを哀《あわ》れみ悲しまれて、

「苦悩の波には溺《おぼ》れさせない」

「煩悩《ぼんのう》の海には沈《しず》めない」


究極の救いを誓われたのが阿弥陀如来《あみだにょらい》なのです。

海難事故の救助の現場には、

「浮いて待て！」

という合言葉があります。離岸流《りがんりゅう》で沖へと流された場合、体力や泳力に自信のある人ほど、流れに逆らって自力で泳いで海岸へ戻ろうとするそうです。しかし、潮の流れに人間の力が勝てるはずもなく、途中で力尽《つ》きて溺《おぼ》れてしまうのです。まず落ち着いて、慌《あわ》てず騒《さわ》がず仰《あお》向けに浮いて、流れに身を任《まか》せて救助を待つのが最良の対処法のようです。実際に、長時間漂流しながら、この方法で救助を待った末に、九死に一生を得《え》た人もいます。

人生も同じではないでしょうか？　諸問題に直面すれば、これまでに蓄《たくわ》えた知識や積み上げてきた経験が豊富な自信家ほど、自分の力で解決を試《こころ》みるでしょう。しかし、そのどれもが何の役にも立たないほどの難題が目の前に立ちはだかったとしたら、人間は愕然《がくぜん》として絶望するしかありません。これまで頼《たよ》りにしてきたもの、今現在も誇《ほこ》っているものが何の役にも立たず、自分自身が無力だったと気づかされたとき、

あなたを見捨てない

との救いの声が初めて響くのです。その救いを親鸞聖人《しんらんしょうにん》は、

「弘誓《ぐぜい》の船《ふね》」

「難《なん》度《ど》海《かい》を度《ど》する大船《だいせん》」

という表現で、頼《たの》もしい船に例えられています。

誰もが悩みや問題を抱《かか》えて生きています。渡るのが困難な人生の荒海を泳ぎ抜こうと必死にもがいています。

平成二十八年四月十四日・十六日、二度にわたる激震が私の郷土を襲《おそ》いました。「熊本地震」です。国の激甚《げきじん》災害に指定される大震災となりました。世間では少しずつ風化している感もありますが、被災者にとっては、東日本大震災と同じく、復興はまだまだ途上にあり、現在進行形の災害です。震源地を中心に、最大震度「7」を二回連続して記録した、観測史上例を見ない大地震でした。

震源地からは距離のある当寺でしたが、本堂・山門《さんもん》の損傷が激しく、倒壊の危険性が高かったため、解体撤去せざるを得《え》ませんでした。一部が更地となって変《へん》

貌《ぼう》した境内の風景は、まるで夢の跡《あと》でしたが、多方面からのご支援により、ようやく新たな本堂の建設工事がスタートすることになりました。

被災直後は、さすがにショックを受けましたが、それでも心が折れなかったのは、浄土真宗《じょうどしんしゅう》の教えのおかげと思っています。ここから前を向いて、顔を上げて、また新たな一歩を踏《ふ》み出す意欲も芽生えました。絶望を感じて改めて、救いの中にあったと気づかされました。救いの中にある限り、この人生に希望はあっても絶望はないのです。

以下は、地震から数日が経過した頃の私自身の心境を綴《つづ》った文章です。

幸せって何だろう？　～被災者のプライド～

―あの日、空は美しく澄《す》み、風は優《やさ》しく流れ、川の水面《みなも》は眩《まぶ》しく輝いていた。

人々の、いつもと何も変わらない穏《おだ》やかな日常があった。数時間後に見舞う大惨事を誰が予期しただろう。これまでの私にとって、「被災者」とは遠く離れた地方の見知らぬ誰かのことだった。今は違う。毎日のニュースで、この言葉を見聞《けんぶん》する度に戸惑《とまど》いを感じる。私は、いま「被災者」そう呼ばれている中の一人なのだ。

家族は難を逃《のが》れ、何とか全員無事だった。寺の本堂は少し傾《かたむ》きながらも、必死に踏《ふ》ん張り倒壊を免《まぬが》れたが、山門《さんもん》の支柱は無残《むざん》に折れて、一角が宙に浮いている。鐘楼《しょうろう》も崩落寸前の状態で、このまま放置すれば、倒壊も時間の問題だろう。室内は割れたガラスや食器の破片が散乱している。追い打ちをかけるように余震が続く。屋内での作業の最中にも、余震は何の前触《まえぶ》れもなく容赦なく襲《おそ》う。揺《ゆ》れを感じては外へと逃《に》げる。一向に片づけは進まない。度重なる余震のせいか、つねに揺《ゆ》れているような錯覚に陥《おちい》る。

晩から早朝までは避難所で過ごす。駐車場に自家用車を止めての車中泊なのだが、事態の深刻さを知らずにキャンプ気分で楽しそうな子どもたちの姿に、少し気持ちが癒《いや》される日々を送っている。近所の小学校が避難所になっており、大人数ではないが地域住民が身を寄せている。救援（支援）物資も充実していて、種類も量も、もったいないほどある。

ＰＴＡ関係で学校にも詳《くわ》しいもので、家庭科室を借りて朝食づくりを手伝うようになった。大半は喜んでくれるが、中には配給の食事に文句をつけ、もっと上等な食事が与えられる避難所へ移動する者もいると聞く。このような状況下でも足るを知らない。人間とは何と愚《おろ》かな生き物だろう。

避難所生活を強《し》いられている人々は、ともに被災者なのだ。その中で、できる者ができない者を支え、余裕のある人が余裕のない人を助けることによって避難所の生活は成り立っている。被災者は、お客さまではない。お客さま気取りで何にでもクレームをつけ、やってもらって当然という態度では、全国各地からの善意のボランティアに対しても失礼ではないか。
被災者のプライドを持とう。被災したのは悲しく辛《つら》い出来事だが、決して悪いばかりでもあるまい。一滴の水がこんなにも尊いと感じた暮らしがあっただろうか。日の出をこんなにも待ち焦《こ》がれた夜があっただろうか。家族との時間をこんなにも愛《いと》おしいと思えた日々があっただろうか。当然から始まる毎日が愚痴《ぐち》や不平不満を募《つの》らせ、感謝や感動を忘れさせてはいなかっただろうか。失ったものの代償として、

「幸せとは何か？」

大きな目覚めの機会を、私は与えられたのかもしれない。
あの日と同じ、空は美しく澄《す》み、風は優《やさ》しく流れ、川の水面《みなも》は眩《まぶ》しく輝いている——。

「仏の顔も三度」は、「どんなに温厚な人物でも三回目にはキレる」という意味で使われています。確かに、人間には我慢や許容の限界がありますから、言動や状況が意に沿《そ》わなければ、助けるべき相手さえも、簡単に見捨てたりします。人間には何事に対してもリミッター（制限）がかかりますが、仏さまは違います。「阿弥陀《あみだ》」とはノーリミッター（無制限）を意味します。いつも、いつまでも、何度でも（三度どころじゃありません）……、ずっと永遠に私の救いを諦《あきら》めないのが阿弥陀如来《あみだにょらい》の本分であり、その名前の由来です。

「阿弥陀《あみだ》」の語源は、サンスクリット語（古代インド語）の「アミターバ・アミターユス」です。「ア」＝「否定接頭語《せっとう》（〜ない）」／「ミータ」＝「はかる」ですから、「ア」＋「ミータ」＝「はかることができない（限りない）」という意味です。漢訳《かんやく》されて「無量光《むりょうこう》・無量寿《むりょうじゅ》」と表現されるようになりました。つまり、私を包み込む限りない「ひかり」と「いのち」を「阿弥陀如来《あみだにょらい》（仏《ぶつ》）」と仰《あお》ぐのです。

4

現在が救われると過去も未来も救われる

病院やホテルには「四十四号室」がなかったり、何かと世間では敬遠されている可哀想な数字「四」ですが、発想を転換すれば「四四」＝「し（四）あわせ（合わせ）」＝「幸せ（仕合せ）」とも言えます。見方が変われば心が変わり、心が変われば生き方も変わるのです。

有名な発明家であるトーマス・エジソンは、数々の名言を残しています。そこからは不屈のメンタリティ（精神性）が感じられます。

大事なことは、君の頭の中に巣くっている常識という理性を、きれいさっぱり捨てることだ。もっともらしい考えの中に新しい問題の解決の糸口はない。

失敗などしていない。うまくいかない方法を一万とおり見つけただけだ。

（桑原晃弥《くわばらてるや》『トーマス・エジソン　神の仕事力』より）

プラス思考や前向きという表現では尽《つ》くせない輝きを放っています。多くの試行錯誤と挑戦から学んだ彼は、その経験を「**成功に導くためのうまくいかない方法の発見**」とまで言いきっているのです。

私たちの日常では、「偶然」「運命」「奇蹟」という言葉で、世の中の事象や現象を説明しがちですが、起こるべき原因や条件もなく、結果が生じるなどということは絶対にありません。あらゆる物事は、しかるべき因縁《いんねん》（原因と条件）によって必然的に起こるのです。目の前の事象や現象が、偶然や運命や奇蹟のように思えてしまうのは、その因果《いんが》関係が当事者に見えていないからに過ぎません。

例えば、好意を寄せている相手がいたとして、街でバッタリ会ったとしましょう。一度目は「偶然」と軽く受け止めるでしょう。しかし、その翌日、約束もしていないのに、別の場所でまた同じように会ったとしたら、二度目は「運命」を感じて、勝手に舞い上がったりします。さらに、三日目も連続して会ってしまったら、いよいよ「奇蹟」とでも信じ込んでしまう人は多いと思います。
偶然や運命や奇蹟を信じる心は、正当な努力を放棄して幸運を期待する態度を生み出します。重ねて、不都合な結果をただ単に「不運」という言葉で済ませることで、過去の失敗の反省や原因究明もせずに、自分の責任を安易に回避《かいひ》したり、思いどおりにならない現実と真剣に向き合う機会を逸《いっ》する生き方にもつながりかねません。そればかりか、大切な未来までをも占《うらな》いや霊視《れいし》などに頼《たよ》ってしまう主体性のない人生を演出します。

「運が悪かった」

「ツイてなかった」

「運命だから仕方がない」

自分自身と現実から目を背《そむ》ける言い訳《わけ》としては、実に都合のいい言葉かもしれませんが、少し思考を変えてみませんか？

運がいい人も運が悪い人もいないと私は思っています。ただ運がいいと「思う」人と、運が悪いと「思う」人がいるだけのことです。

リストラ（restructuring《リストラクチャリング》）とは、本来は再構築を意味する言葉です。人生のやり直しは不可能ですが、見直しは可能です。「いま」「ここ」にしかない現在地に立脚できれば、これまでの失敗や過《あやま》ちさえも

無駄なことなど何一つなかった

と、過去の意味も変わってきます。そして、そこから未来へ向けて希望の一歩を歩み出せます。

世間の常識や価値観にカスタマイズ（設定）された頭の中をリセット（初期化）して、因果《いんが》の道理を自分の中にダウンロード（保存）し、インストール（導入）

するのです。しかし、それで完了ではありません。何よりもアップデート（更新）を忘れてはならないのです。人間にはパソコンのような自動更新はできません。元の状態に戻らないように自己を更新するためには、日常的に自《みずか》らの意思で仏前《ぶつぜん》に身を置くしかありません。これを仏教の言葉で「聴聞《ちょうもん》」といいます。「聴」＝「listen《リッスン》」／聞＝「hear《ヒヤー》」です。意識を傾《かたむ》けて聴《き》く機会を重ねていると、自然と向こうから私の元へ届こうとする声が聞こえてきます。仏さまの声に圏外はありません。すでに、あなたにも届けられているのです。

5

人間は
生きてきたとおりに
老いて死ぬ

アメリカの心理学者（社会学者）であるS・ライチャードが分類した高齢者の性格や人格の社会適応パターン（五類型《るいけい》）を紹介します。

①【円熟型《えんじゅくがた》】

自分の人生に納得し、積極的に社会参加を行う。日常生活においても思慮深く、意見も建設的で前向きである。家庭や対人関係に満足し、過去への後悔も将来への不安も少ない。置かれている環境や関係の中で、自分の果たすべき役割を見出し、責任を持って遂行できる。リーダーシップを発揮するタイプ。

②【安楽椅子型《あんらくいすがた》（自適型《じてきがた》）】

他人に依存する受身的・受動的生活を送る。社会的役割は果たそうとせず、周囲とは一定の距離を保《たも》ち、気楽な生活を楽しむ。責任を免《まぬが》れることを望み、趣味や娯楽に生きがいを見つける。自分の境遇に満足しているタイプ。

③【逃避《とうひ》型（自己防衛《じこぼうえい》型）】

怠《なま》け心や無力感を嫌い、活発に行動しようとする。自己防衛意識が強く、他人の世話になることを避《さ》けたがる。老化に抵抗し、身も心も若々しくありたいとの思いが強い。自分の築《きず》いてきた過去の業績や地位に執着し、老後もそれを維持し続けようとする。保守的で、自分の立場を脅《おびや》かすような事柄や人間関係を敬遠する。一定の枠内でのみ存在感を誇示《こじ》できるタイプ。

④【憤慨《ふんがい》型（外罰《がいばつ》型）】

生活上の不平不満が多い。自己の誤《あやま》りや失敗の原因を他人や環境のせいへと責任転嫁《てんか》する。周囲に敵意を示し、攻撃することで不満を解消する。適応しにくく、世間から隔絶（拒絶）され、自己閉鎖的となりやすいタイプ。

⑤【自責型《じせき》（内罰型《ないばつ》）】

人生上の諸問題や失敗を、いつも自分自身に原因があると考える。「〜たら」「〜れば」「〜のに」と愚痴《ぐち》や後悔が多い。ひたすら劣等感を抱《かか》え、自己嫌悪《けんお》から自虐的《じぎゃく》となる。自己の境遇についても「こんなはずじゃなかった」と嘆《なげ》き、思い詰《つ》めて将来にも悲観的になりやすいタイプ。

ライチャードの五類型《るいけい》は、高齢者の人格特性を見極める必要性から、看護や介護の現場でも広く学ばれています。あくまでも、心理学・社会学の見地からの客観的考察《こうさつ》によって、タイプ別に分類したものですから、優劣や善悪を問題にしているのではありません。自分らしく老いて死を迎えるための第一歩として、自己と向き合うヒントになればと思います。

もう一つ、こんな老い方も魅力的ではないでしょうか？

◎【感謝《かんしゃ》型（お念仏《ねんぶつ》型）】

老いによってできなくなることも多いが、できることを喜べる。視力は衰《おとろ》えるが、「おかげ」が見えるようになる。耳も遠くなるが、仏さまの「仰《おお》せ」が聞こえてくる。他人と比べた優劣や損得に振り回されず、慈悲《じひ》の安心と温もりに包まれ「ありのまま」でいられる。若い頃にはわからなかった「お念仏」の味がわかるようになり、老練な成熟が感じられる。

若いときには、発想や考え方を柔軟に変えることが容易で、小回りの利《き》く小型ボートのように進路変更も自由自在ですが、年齢を重ねると、大きな船と同じで、舵《かじ》を切っても急な方向転換は難しくなります。

人間は「**生きてきたとおりに老いて死ぬ**」といわれます。

理想的な生き方の実現のためには、早い段階から方向を見定めることが大切です。

普段の生活で「こだわり」は、肯定的な意味で用いられる場合の多い言葉です。「こだわりの店」「こだわりの逸品」「こだわりの製法」など、一つの物事を徹底して極める気概を感じさせますが、辞書には「さまたげる」や「邪魔する」といった否定的な意で解説されています。実は、こだわりほど厄介《やっかい》なものはないのです。

「こうしなければならない」

「こうあるべきだ」

との思いが、私たちの生き方を束縛《そくばく》し、窮屈《きゅうくつ》にしているのです。こだわりは執着

心です。

昔ながらのしきたりや風習を重んじる地域は多いものです。継承《けいしょう》されてきた伝統・文化は末永く大切にしなければなりませんが、数字・方角・日柄・字画など、心を惑《まど》わす事柄へのこだわりは負の遺産です。

全国的に暮れの餅《もち》つきは十二月二十八日か三十日に行う家庭が多いようです。なぜ二十九日の餅《もち》つきは人気がないのでしょう？　その答えは、数字と言葉を語呂合わせして、「二九（にじゅうく）」を「二重苦」と考え、敬遠するためです。しかし、中には逆に二十九日を好んで餅《もち》つきをする人もいます。さて、理由がおわかりになるでしょうか？　別の読み方をすれば、「二九」は「ふく」とも読めます。この日につく餅《もち》を「福」と見ているからです。そうなると、餅《もち》つきにこれ以上ふさわしい日はないようにも思えてきます。その解釈の違いから、前者はマイナス思考で、後者はプラス思考と言えるかもしれません。

何の根拠もない迷信が気になったり、他人の何気ない言葉に惑《まど》わされたりしてしまうのが人間ですが、どうでもいいことにこだわると、大切なものを見失い、右往左往しながら窮屈《きゅうくつ》な方向へと押し流されてしまいます。

ある村に、どうでもいいことにこだわるおじいさんがいました。ある晴れた日に、大根の種まきをするために畑へと向かう途中、おじいさんは道端で虫歯が痛くて泣いている子どもの姿を見かけます。

「虫歯（虫葉）じゃと〜！　こんな日に種をまいたら、大根の葉を虫に喰《く》われてしまう」

そう考えたおじいさんは、家へと引き返してしまいます。

次の日、再び畑へ向かう途中で、見知らぬ青年が道に落とした手拭《ぬぐ》いを親切にも拾《ひろ》ってあげました。青年は何度もお礼を述べて、

「本当にありがとうございました。おかげさまで助かりました。

それではこれにて、はばかります〜」

と言葉を残して去りました。現代ならば「失礼します」に当たる言葉です。

「はばかり（葉ばかり）じゃと〜！　こんな日に種をまいたら、葉っぱばかりで喰《く》えたもんじゃない」

この日も何もせずに家へと帰ってしまいました。

来る日も来る日も種がまけず、どうするべきか悩んだおじいさんは、お寺の和《お》尚《しょう》さんに相談します。すると、和尚《おしょう》さんが

「そんな根も葉もないことは気にするな！」

と一喝《いっかつ》したそうです。根も葉もなければ、もはや大根ではありません。

「根も葉もないなんて、そんな殺生《せっしょう》な〜」

とうとう最後まで種がまけなかったおじいさん。その年は驚《おどろ》くほどの豊作で、周りの畑には立派な大根がたくさん実りましたが、種をまかなかったおじいさんの

畑には、当然ですが一本も実りませんでした。こだわりが招《まね》いた残念な結末です。

災難や不幸の原因を数字・方角・日柄などのせいにして、間違った方向に答えを探しているとしたら、出口のない迷路に足を踏《ふ》み入れたも同然です。『広辞苑』で「迷信」を引くと、「**宗教的・科学的立場から見て、迷妄と考えられる信仰。また、道理に合わない言い伝えなどを頑固に信ずること。……**」と出ています。まさに、心の迷妄状態です。迷信は心に茂《しげ》った雑草です。雑草だらけの畑には美しい花が咲かないように、迷信に左右される人生に多くの実りは期待できません。

6

柔らかい枝は折れない
柔らかな心も折れない

「6」という数字は、ひっくり返せば「9」になります。「七転八起《しちてんはっき》」の精神で、転んでもタダでは起きない雑草魂を感じますし、変幻自在に形を変える柔軟性も教えられます。

さて、平均寿命が過去最高を更新中の昨今です。長い老年期の生き方を考えておくのは、現在の日本人にとって、とても重要な課題です。

厚生労働省の統計では、わが国の一〇〇歳以上の人口は、過去最多の七万一、二七四人となっています（二〇一九年九月発表時点）。一〇〇歳を迎えた高齢者には、これまでお祝いの記念品として純銀製の「銀盃《ぎんぱい》」が、内閣府より贈られてきましたが、対象者の増加による予算不足で、数年前からは素材が銀メッキ製になったそうです。頑張って長生きしても、国からのお祝いが銀メッキとは……。

ちょっぴり寂しい気持ちになります。

二〇〇〇年にＷＨＯ（世界保健機関）が提唱した「健康寿命」は、健康上の問題がない状態で、日常的に介護を必要とせず、自立した生活を送ることのできる生存期間です。老いの現実は目・耳・足腰・頭脳……、あらゆる身体機能が衰《おとろ》える過程でもあります。それを悲観するのではなく、肯定的に捉《とら》えつつ、予防に努《つと》めるのが理想的です。

「もの忘れ」は思い出す力が衰《おとろ》えることによって起こる現象のようです。引き出しの中に物を入れたのと同じで、人間の記憶はちゃんと脳の中に収納されているのですが、それを思い出す力が衰《おとろ》えるのです。ですから、正確には「忘れる」というよりも「思い出せない」状態です。昨日の夕飯の献立が思い出せない程度であれば、心配する必要はないでしょうが、食べたこと自体を忘れてしまっているとすれば、要注意かもしれません。

出かける前に玄関先で忘れ物を思い出すことがあります。慌《あわ》てて部屋に取りに

戻るのですが、

「あれ？　何を取りに戻ったんだっけ？」

と途方に暮れてしまった経験はないでしょうか？　あれこれ思考を巡らせても、なかなか思い出せない場合もあります。仕方なくそのまま家を出るしかありませんが、思い出せない一日は、独特な違和感が残り、気分がスッキリ晴れません。忘れ物を思い出せないままでいるのは、とても心地《ここち》の悪い状態です。

歌は「思い出の目次《もくじ》」といわれます。その曲を聴《き》いただけで、本に挟《はさ》まった栞《しおり》のように人生のページがめくられ、普段は忘れている昔の出来事が、まるで昨日のことのようによみがえります。当時の自分に戻って懐《なつ》かしい気分になったりするものです。その効果を期待して、歌は認知症の予防や治療にも用《もち》いられています。たった一曲の懐《なつ》かしい歌が、脳の引き出しに眠っていた記憶を鮮明に呼び覚《さ》ますのでしょう。

「後期高齢者になった。これからはナナカマドの木のように、身も心も強くありたい」

新聞の読者投稿欄に寄せられた、ある男性（75）の言葉です。ナナカマドの木には水分が多く含まれており、七回かまどで焼いても燃えないほど強くてしぶといとされるのが名前の由来です。ナナカマドと自分自身を重ねて、老後を強く明るく生き抜く決意を示されたのでしょう。確かに、それも素晴らしい心意気ですが、多くの高齢者と接する日常の中で、「強さ」以上に「やわらかさ」の重要性を痛感するのも事実です。

仏教には「柔軟心《にゅうなんしん》（flexible《フレキシブル》 mind《マインド》）」と呼ばれる心があります。「柔」も「軟」も、ともに「やわらかい」という意味の漢字です。つまり、「やわらかくて、しなやかな心」です。硬《かた》くて太い木の枝は、見た目にはとても強そうですが、風雨（風雪）によって折れる場合も多いものです。しかし、柳《やなぎ》のように細い枝は、見た目にも弱々しく、すぐに折れてしまいそうですが、持ち前の柔軟性を発揮して、圧力をしなやかに受け流して折れません。人間も同じです。人生上の苦難や困難を上手に受け流してリスクヘッジ（危機回避《かいひ》）するには、心をやわらかく保《たも》つに越したことはないのです。

年齢を重ねると面《つら》の皮が厚くなるといわれます。男性用トイレに平然と入ってくる中高年女性に遭遇《そうぐう》した経験が過去に何度もあります。面《つら》の皮が厚くなり、恥《は》じらいがなくなっている一例かもしれません。

ただ、厚くなるのは面《つら》の皮だけではありません。放置しておくと心の皮も厚くなるようです。それによって、次第に物事への感謝や感動が薄《うす》れ、感情表現も淡《たん》泊《ぱく》になってしまいます。感情表現に優《すぐ》れているのは、やはり子どもです。「泣いたカラスがもう笑う」という言葉のとおりで、一日に何度も泣いたり笑ったりを繰り返します。一緒に笑って仲良く遊んでいるかと思えば、次の瞬間にはケンカをして大泣きしています。でも、しばらくすると何事もなかったような顔でケロっとしているのには感心します。それだけ心が柔軟なのです。笑うときには腹の底から笑い、泣くときには全身で泣くのが子どもです。喜怒哀楽の感情表現が豊かです。ところが、年齢を重ねると、薄皮《うすかわ》が少しずつ心を覆《おお》い始め、感情を包み隠《かく》すようになります。感謝や感動が減り、反対に愚痴《ぐち》や不平不満が増えるのも症状の一つでしょう。お肌と一緒でお手入れを怠《おこた》ると、どうしても心は固《かた》くなってしまいます。スピリチュアル（精神的）な健全性を保《たも》つためにも、身体の「ストレッチ」や「エステ」のようなケアが心にも必要です。普段の生活の中で固《かた》くなりがちな心をやわらかく揉《も》みほぐす時間と空間を持つことが大切です。心の周りを覆《おお》っている古くて分厚い角質を除去して、軽くて楽な気持ちになって日常に戻るライフワークを確立して実践《じっせん》しましょう。

ところで、双方に意見の食い違いが少しでも生じると、すぐにトラブルやクレームと受け止めるのが現代人ですが、以前は「揉《も》め事」と表現したものです。「揉」は手で柔《やわ》らかく丸めるという意味です。つまり、両者が歩み寄って意見や知恵を出し合い、協力して物事を揉《も》み丸めて、いい具合に落ち着くように事態の収拾《しゅうしゅう》を図《はか》るという賢明な方法論です。すぐに第三者を巻き込んで、白黒はっきりさせたがるのは、当事者同士に問題解決能力が足りないからです。こだわりが強く、頭も心も硬固《こうこ》な現代人特有の症状です。

温もりに満ちた仏心《ぶっしん》に触《ふ》れると、こちらの心も同じように温められ、柔軟に仕上げられますから、何気ない会話の中にも大らかさが漂《ただよ》い、いい意味での諦《あきら》めのような心の落ち着きが感じられます。物事へのこだわりや執着が強く、些細《ささい》なことでも不平不満や愚痴《ぐち》が出る人には聴聞《ちょうもん》がおすすめです。

木の枝と同じように、心もしなやかさこそが折れない強さとも言えます。ゆえに、こだわりを離れた心「柔軟心《にゅうなんしん》」は、「金剛心《こんごうしん》（diamond《ダイヤモンド》 mind《マインド》）」と呼ばれる折れない心とイコールなのです。

いつか草が　風に揺《ゆ》れるのを見て　弱さを思った
今日　草が風に揺《ゆ》れるのを見て　強さを知った

（「やぶかんぞう」星野富弘《ほしのとみひろ》）

7

交通安全に必要なもの

お守り　×
お祓い　×
安全運転　◎

「七」は「ラッキーセブン」・「八」は「末広がり」と考えられ、広く好まれている数字ですが、反対に「四」や「九」は敬遠されることの多い可哀想な数字です。「四」を「死」／「九」を「苦」と語呂合わせするのが敬遠の理由なのでしょうが、四国や九州に住んでいる人たちの身になれば失礼な話です。

さて、日本人宇宙飛行士が搭乗して話題となった宇宙船ソユーズをご記憶でしょうか？　国際宇宙ステーションに約四ケ月間滞在した後、地球に無事帰還しました。選《え》りすぐりの科学者や技術者がチームを結成し、その豊富な知識と高度な技術を駆使して挑《いど》んだ、現代科学の最先端で最高峰とも形容すべき超先進的なプロジェクトでした。

ところで、あの宇宙船を発射する際に、さまざまな「ゲン担《かつ》ぎ」が存在するのをご存じでしたか？　クルー（乗組員）が決まった映画や音楽を鑑賞したり、特定の場所でバスを降りて、小用を済ませたりするのです。「ルーティン（規則的動作）」を行うことによって、集中力を高める効果もあるでしょうが、むしろ安全祈願的な意味合いが強いようです。ジンクスとも呼ばれます。ゲン担《かつ》ぎは原因と結果とを結びつける根拠に乏《とぼ》しく、迷信に属しますから、極めて非科学的な事柄と言えます。にもかかわらず、現代科学の結晶である宇宙船の打ち上げに際しても、非科学的慣習が恒例化しているとは、にわかに信じがたい話ですが事実です。ここに、人間の心の弱さが露呈しているように感じます。何を信じるべきかの確信に欠けるのでしょう。

先日、熊本地震での被害によって、自宅家屋を解体するしかなかったご門徒宅から、新居の建築工事に先立ってのお参りを頼《たの》まれました。いわゆる「地鎮祭《じちんさい》」です。着工前に氏神のご機嫌を鎮《しず》め、土地利用の許しを請《こ》う儀《ぎ》式です。その名のとおり祭事ですから、通常は神式が多いようです。しかし、住職として、大切なご門徒宅の記念すべき着工に立ち会いたい気持ちもありましたし、戸惑《とまど》いながら

も お引き受けしました。ただし、浄土真宗《じょうどしんしゅう》に地鎮祭《じちんさい》はありませんので、「安穏法要《あんのんほうよう》」と名づけました。かけがえのない住み慣れた家屋を失った耐《た》えがたい苦痛と悲哀を抱《かか》えながらも、どうにか新たな住まいの着工を迎えられたご家族の安堵《ど》の思いに寄り添いつつ、滞《とどこお》りない工事の遂行を願うのが法要《ほうよう》の目的です。

世間では、宮司（神主）のお祓《はら》いや高僧の加持祈祷《かじきとう》に神秘的で特殊なパワーがあると考えられているようですが、残念ながら、お祓《はら》いや祈祷《きとう》の力で天変地異による災害や事故などを防《ふせ》ぐことは期待できません。どんなに有能で優《すぐ》れた宮司（神主）や高僧も、自然の摂理の前では無力なのです。そのことは、先般の震災でも証明されたとおりです。一般住宅以上に、神社・仏閣《ぶっかく》で甚大な被害が確認されたことが、お祓《はら》いや祈祷《きとう》の効力によって災難を逃《のが》れることなどできない事実を物語っています。当寺の隣接地にある神社の石鳥居は真っ先に倒壊しました。散らばった大きな石片が道路を塞《ふさ》ぎ、避難の妨《さまた》げにもなりました。二次被害を招《まね》きかねない危険な状況で、どうにか数人がかりで動かしたのですが、鳥居は神さまの守備範囲ではなかったようです。

恒例儀《ぎ》式によって手放しに安心するのではなく、意味を問うことが大切です。わが身に何が起こってもおかしくないという現実を正しく理解し、細心の注意を払って生きることこそが、危険を回避《かいひ》できる最も安全な方策のはずです。気休めほど危険なものはないのです。工事関係者には、無事に完成の日を迎えるまで、ご自身の安全にも十分に配慮しつつ仕事に臨《のぞ》んでいただくようにお願いしました。施工主も同じ思いで見守られることでしょう。迷信や習俗を敬遠する浄土《じょうど》真宗《しんしゅう》による仏式の法要《ほうよう》であるからこそ、気休めの儀《ぎ》式とは違った意味を持たせられたように感じています。

仏式の法要《ほうよう》として行《おこな》ったのですから、一連の工事は阿弥陀如来《あみだにょらい》ご照覧《しょうらん》の下《もと》に進められることになります。人間の目は簡単にごまかせますが、仏さまの眼だけは絶対に欺《あざむ》けません。

　昨今の社会風潮には、

「誰も見ていなければ……」

「バレなければ……」

安易な気持ちが、正しい判断を誤《あやま》らせる場面も多く見受けられます。防犯カメラやドライブレコーダーに監視されている世の中ですが、カメラに撮られるから思いとどまるのと、誰かを悲しませることになるから心にブレーキがかかるのとでは、人間としてのあり方に大きな違いがあるはずです。

「仏さまから見られている」

という思いが、職人や業者のプロ意識と職業倫理に恥《は》じない仕事を後押しすることにもつながってほしいと思います。

　ところで、痛ましい事故のニュースが毎日のように報じられる昨今ですが、交通事故防止に最も効果的なのは、有名な神社でのお祓《はら》いでも、高価なお守りでもありません。ズバリ、安全運転です。お祓《はら》いやお守りのご利益《りやく》を本気で信じている人間は少ないでしょうが、気休め程度でも心のどこかに安心感を抱《いだ》いているとすれば、その安心がそのまま慢心へとつながり、大事故を誘発しかねません。

事故を起こすかもしれない可能性を抱《かか》えた自分の危《あや》うさを知るからこそ、細心の注意を払って安全運転に努《つと》めようという気持ちが芽生えるのです。

「お祓《はら》いをしてもらったから大丈夫」

「お守りがあるから安心」

誤《あやま》った自信と安心が、皮肉にも安全を脅《おびや》かす結果になりはしないでしょうか？

神頼みは知らず知らずのうちに、あなたを取り返しのつかない人間にしてしまいかねません。物事の道理を明らかに見極めなければ、思わぬ落とし穴に転落することになるのです。

因果《いんが》の道理を説くのが仏教です。仏教のように科学とも整合性を保《たも》ち、対話のできる宗教は他にないと私は思っています。

事故はいつもの道で起こる

お互いに大切な一度きりの人生です。〝事故〟同様に、因果《いんが》の道理を見失いがちな〝自己〟にも気をつけたいものですね。

8

いのち、そのままにして尊し

蓮は美しい水辺に咲く花ではありません。汚泥《おでい》に根を下《お》ろしながらも、そこから少しの泥も混じらずに美しく生ずる珍しい花です。水の上に顔を出した可憐《かれん》な花に目を惹《ひ》かれる人は多いでしょうが、汚泥《おでい》の中で必死に耐《た》え忍《しの》んでいる根に心を向ける人がどれだけいるでしょう?

花が咲いたら、根にも心を向けましょう。蓮の根のように、あなたを泥沼に溺《おぼ》れさせず美しく咲かせるために、限りない存在や事柄が見えない力となって、いつも水面下で支えてくれているのですから。

四月八日は、釈尊《しゃくそん》の生誕を祝う「灌仏会《かんぶつえ》」です。その誕生を祝福するかのように、辺り一面にたくさんの花が美しく咲き誇《ほこ》ったと伝えられることから、「花まつり」とも称されます。また、竜が天から甘露《かんろ》の雨を降《ふ》らせて産湯《うぶゆ》にしたという言い伝えから、誕生仏の像に甘茶《あまちゃ》をかけて祝います。かわいい稚児《ちご》行列が白い象を引いている光景も微笑《ほほえ》ましいものですが、この白象にも意味があります。

約二五〇〇年前、ヒマラヤの麓《ふもと》にあった小さな国の話です。ある晩、その国（シャカ族）の王妃マーヤー（摩耶夫人）は、不思議な夢を見ました。六本の牙《きば》を持った白象が現れて、右脇から身体の中に入って消えてしまうのです。朝になってふと目が覚《さ》めると、マーヤーはお腹の中に赤ちゃんを授《さず》かっていました。当時から、白象は神聖な動物とされており、世にも尊《とうと》き王子が誕生するというお告《つ》げと信じられたのです。やがて生まれた赤ちゃんは、「ゴータマ・シッダールタ」と名づけられました。成道《じょうどう》の後《のち》に、「シャーキャムニ（シャカ族の聖者）」と尊《とうと》ばれたことが、釈迦牟尼《しゃかむに》（釈尊《しゃくそん》）という呼称の由来です。

さて、誕生された姿の像（誕生仏）は、右手で天を指し、左手で地を指しています。その姿は、釈尊《しゃくそん》が生まれてすぐに七歩を踏《ふ》み出し、

天上天下唯我独尊《てんじょうてんげゆいがどくそん》

と宣言されたという伝説によるものです。釈尊《しゃくそん》の偉大さを表現した逸話です。この言葉の解釈はさまざまにありますが、

いのち、そのままにして尊《とうと》し

という意味で、仏教の価値観の象徴でもあります。学歴・地位・名誉・財力・権力などによって、人間としての価値を決めがちなのが世間ですが、これらは人生の副産物や付属品に過ぎません。王子として生まれ、後《のち》にその座を捨てて求道《ぐどう》の末に覚者《かくしゃ》（ブッダ）となられた釈尊《しゃくそん》は、私たちから一切の装飾品や付属品を外《はず》して、そのように説かれたのです。

人間の不幸は比べ合いから始まります。そこには、いつも勝者と敗者が生まれ、優越感と劣等感が交錯しています。

お寿司屋さんに入ってメニューを眺《なが》めていると、注文もしていないのに、店からのサービスで甘エビの刺身が出てきたら、ほとんどの人が悪い気はしないでしょう。ところが、同じサービスでも、他の席には甘エビではなく伊勢エビの刺身が出てきたら、途端に妙な気持ちになるはずです。比べてしまうと、喜べるものも喜べなくなってしまいます。

一隅《いちぐう》を照らす、これ則《すなわ》ち国宝《こくほう》なり。

恩師から頂戴した年賀状に、比叡山を開かれた伝教大師《でんぎょうだいし》（最澄《さいちょう》）の語が紹介されていました。華道にも「出生《しゅっしょう》」と「情性《じょうせい》」という言葉がありますが、山の木々や野の草花が、それぞれの場所で個性的に美しく咲くように、置かれた環境や居場所で精一杯に生きる人は、自《みずか》らが輝くと同時に、灯火のように周囲をも明るく

温かく照らします。このような人を「真の国宝《こくほう》」とご覧《らん》になったのでしょう。お互いを認め合い、お互いが支え合い、お互いに照らし合う世の中であってこそ、本物の「一億総活躍社会」なのだと教えられました。

「自分さえよければ……」

この自分本位な思いとの格闘と葛藤《かっとう》が仏道の歩みなのです。釈尊《しゃくそん》の生誕を祝いつつ、心開かれた世界への誕生に向けて、少しでも自己中心的な思いからの脱皮を果たしたいものです。

十二月八日は、釈尊《しゃくそん》が菩提樹《ぼだいじゅ》の下でさとりを開かれた記念日「成道会《じょうどうえ》」でもあります。

9

あればあるで悩み
なければないで悩む

インターネットやSNSの普及で、人間のつながりも多様化しているようですが、

他人からどう思われているのか気になって仕方がない

という悩みを抱《かか》えている人が、社会に増えているそうです。人間である以上、他人からの評価や自分に対する印象が気になるのは誰しも同じでしょうが、過度に気にしてしまうのは、精神衛生面からもマイナスではないでしょうか？

仏教に触《ふ》れると「背後を見る眼」が生まれます。背後霊が見えるようになるという意味ではありません。表面的な事柄や平面的な事象によってしか物事を判断することができなかった私の中に、多角的で立体的な奥行きのある視点が芽生えるのです。

人間は大なり小なり、自分の見たものや聞いたことには間違いがないという根拠のない自信に満ちています。例えば、これまで好意的に接してきた人物が、意外な一面を見せた途端に、

「こんな人だとは思わなかった」

と、その人に対する評価が裏返ります。しかし、それは相手が急に豹変《ひょうへん》したのではなく、これまでの私の目には、その人のほんの一面しか映《うつ》っていなかっただけのことです。事件の容疑者である人物の知人が、ワイドショーのインタビューに答えている場面をテレビで見かけますが、

「まさか、そんな人間だったなんて……」

とショックを訴《うった》える声が圧倒的に多いのと同じです。私たちが見ているのは、いつも人物の一面や物事の一部分に過ぎないのです。

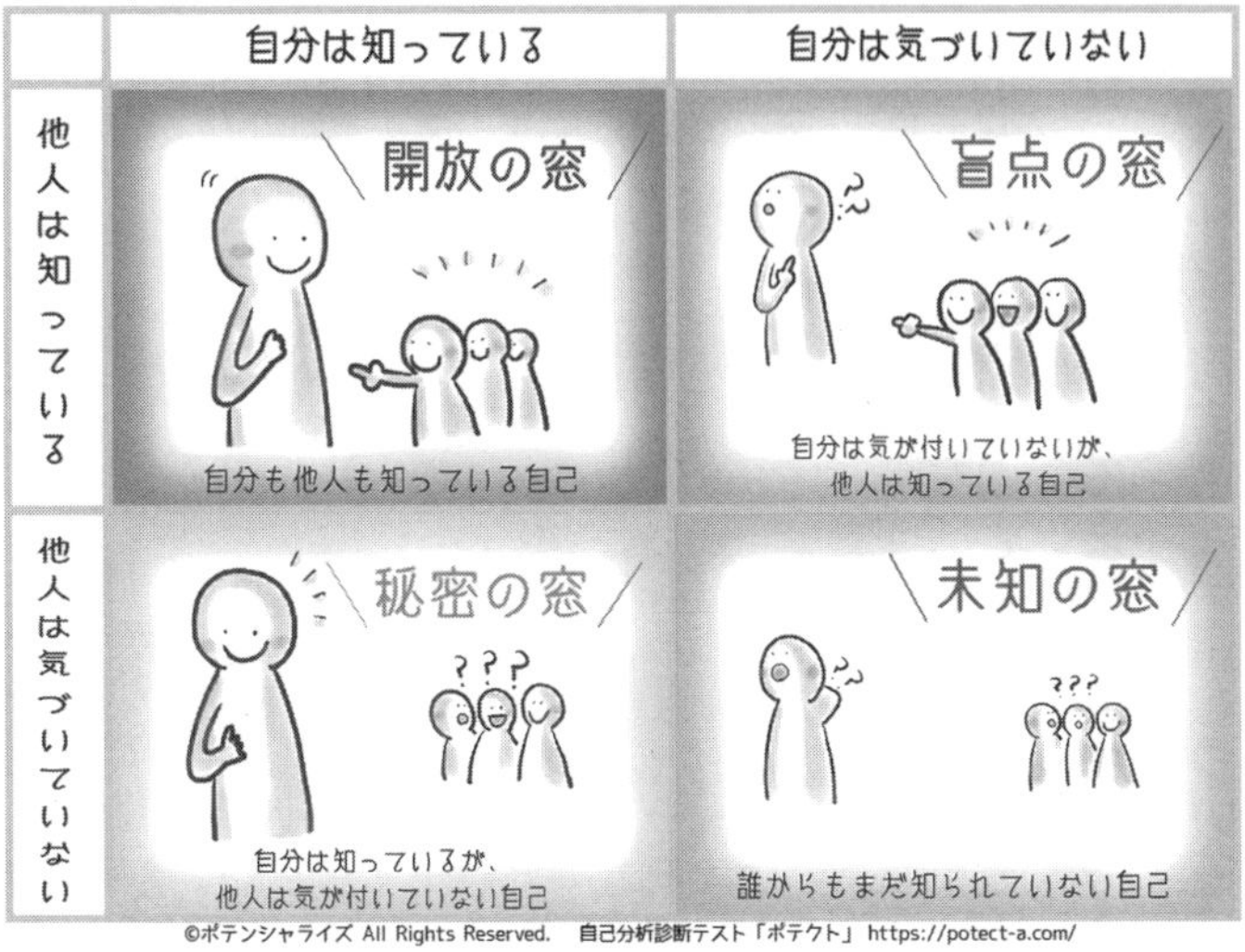

【ジョハリの窓】

☆ジョセフとハリー（心理学者）が考案した概念で、
自己を４つの領域で示す気づきのグラフモデルです。

・自分も他人も知っている。

・自分は気づいていないが、他人からは知られている。

・自分は気づいているが、他人には気づかれていない。

・自分も他人も気づかず、まだ誰にも知られていない。

参考までに紹介した「ジョハリの窓」は、心理学の分野における自己分析（気づき）モデルの一例ですが、仏教にも通ずる感があります。

自分でも気づかず、他人からも知られていない未知の領域を内側に抱《かか》えて生きているのが人間です。釈尊《しゃくそん》は、私たちの奥に隠《かく》されている闇《やみ》のような領域に光を向けて、人間の正体（病巣《びょうそう》）を明《あき》らかにされたのです。

『仏説無量寿経《ぶっせつむりょうじゅきょう》（下巻）』に、釈尊《しゃくそん》が人間の苦悩の内実を鋭《するど》く洞察された一節があります。以下は私なりの意訳《いやく》です。

—人間は、耕作地を所有していれば、田畑のことで悩み、土地建物を所有していれば、家屋のことについて悩むものです。家族やペット・財産・衣食・家財道具・日用品に至《いた》るまで、あればあるで憂《うれ》いは尽《つ》きません。それらに関して、いつも心配し、何度もため息をついては思考を巡らせるのです。思いがけない自然災害や火災・盗難などに遭遇《そうぐう》したり、怨恨《えんこん》を抱《いだ》く者や借りのある相手に所有物を奪《うば》い取られたりで、たちまちにそれらを失うと、激しい喪失感に襲《おそ》われて、自分を見失うほど取り乱し、心の落ち着く暇《ひま》がありません。怒《いか》りに七転八倒《しちてんばっとう》しながらいつまでも悩み続け、心を固《かた》く閉ざして気の晴れることがないのです。また、災難で自分の命を失うようなことになれば、手に入れたものを何一つ持ち続けることはできず、孤独にしてこの世を去らねばなりません。高い地位・名誉を誇《ほこ》る者や富裕層《ふゆうそう》であっても、やはりこのような憂《うれ》いがあるのです。悩みや心配は実にさまざまですが、各々にただ苦しみ悩むばかりで、痛ましい生活を続けています。

また、逆に貧困《ひんこん》に苦しむ人々もいます。田畑を所有していなければ、せめて家庭菜園でも欲しいと思い、家屋を所有していなければ、借家でも居を構えたいと悩みます。家族やペット、財産・衣食・家財道具・日用品に至《いた》るまで、なければないで、やはりそれらを手に入れたいと苦悶《くもん》するのです。持っていないことを不安に思い、何度もため息をついては憂慮《ゆうりょ》します。何かの拍子《ひょうし》に一つのものが得《え》られたとしても、今度は他の何かが欠けてしまい、これがあってもあれがないという始末で、何とか欲しいものすべてを手に入れたいと考えます。しかし、やっとそれらのもの全部が揃《そろ》ったとしても、それは束《つか》の間の出来事に過ぎず、すぐにまた消え失《う》せてしまうのです。嘆《なげ》き悲しんで再び追い求めても、二度と手にすることは叶《かな》わず、身も心も疲《つか》れ果て、何をしていても心が安らぎません。いつも憂《うれ》いに沈《しず》んで苦しむばかりです。そして、痛ましい生活を続け、ときにはその苦悩のために命を縮《ちぢ》めて死ぬことさえあるのです。――

（※現代の時代状況に合わせた意訳です。例：家畜→ペット）

不動産の相続問題に頭を抱《かか》えている人も多いですし、住まいを探す際に、分譲《ぶんじょう》か賃貸《ちんたい》かの選択は究極の悩みでもあります。持っていても、持っていなくても、それぞれに悩みは尽《つ》きません。地位・名誉・財産・家族・ペットに至《いた》るまで、持たなければ欲しがり、手に入れては手放したくないと憂《うれ》い、強く握《にぎ》りしめた指の間からすり抜けるように逃げたものを必死に追いかけて、やっと追いつきそうになったと喜んだのも束《つか》の間で、次の瞬間にはまた別の何かを失っているのです。ぬか喜びと落胆《らくたん》が交互に訪れるこの人生は、永遠に完成しないパズルのピースを埋《う》める作業に没頭《ぼっとう》しているようなものでしょう。それが砂上の楼閣《ろうかく》であるとも知らずに。すべての苦悩は、「煩悩《ぼんのう》」という病魔《びょうま》が原因です。末期の状態まで自覚症状のないまま進行する難病です。根治《こんち》が難しいこの難病に向き合い克服《こくふく》する道を、主治医である釈尊《しゃくそん》は説かれています。

10

欲を少なく足るを知る心
煩悩のブレーキペダル

私は、宗教というものを考えたとき、それは、一種のブレーキだと思うのです。経済がエンジン、政治はハンドルのようなもの。車はブレーキがないと暴走してしまって安全に走れません。

この冒頭の言葉は、五木寛之《いつきひろゆき》氏（作家）の著書『杖《つえ》ことば』からの引用です。

一九六〇（昭和三十五）年、当時の池田勇人《いけだはやと》内閣で閣議決定された「国民所得倍増計画」は、翌年から十年間で国民所得（国民総生産）を二倍に増加させるという驚愕《きょうがく》の内容でした。半信半疑の国民も多かったでしょうが、最終的には二倍どころか四倍超を達成する結果となったのです。

これがターニングポイントとなり、日本人の生活は激変します。当時の三種の神器と言えば、白黒テレビ・洗濯機・冷蔵庫でしたが、高度成長期では、さらに新三種の神器（カラーテレビ・クーラー・マイカー）が登場し、英単語の頭文字から「3C」とも呼ばれました。インフラも整備され、便利で快適な世の中が実現し、生活は以前とは比べものにならないほど豊かになりました。この高度経済成長期を経《へ》て、わが国は目を見張る発展を遂《と》げ、経済至上主義の道を突き進むことになったのです。

一億総中流社会から空前のバブル景気も経験し、バブル崩壊後の長い不況を経《へ》て、ようやく現在のアベノミクスへと至《いた》ります。経済の発展がさまざまな恩恵をもたらし、暮らしを革命的に変えたのは事実です。しかし、その陰《かげ》で失われたものの代償は計《はか》りしれないとも感じます。

確かに生活は豊かになり、家中に物や道具があふれている時代です。しかし、あり余るほどの物や道具に囲《かこ》まれながらも、何か満たされない悶々《もんもん》とした思いを抱《かか》え、漠然とした不安の中で流されるように生きているのが現代人ではないでしょうか？

「人間とは何か?」を説明する上で、「人間=動物+宗教」という一つの公式が成り立ちます。私たちは動物として生まれ、生きる上で宗教を持つことによって、初めて人間になるのです。裏を返せば、宗教なき人間は、自《みずか》らの不完全さを知らない厄介《やっかい》な動物でしかないということです。他の動物は自然界の法則に従順に生きています。しかし、人間は違います。高度な知識や技術を習得し、自然を利用したり、あるいは逆らったりしながら生きてきました。その飽《あ》くなき欲望は、自制心では到底抑《おさ》えられるものではありません。だからこそ、宗教が必要なのです。

五木寛之《いつきひろゆき》氏の言葉を借りるならば、車に例えて、政治はハンドル・経済はエンジン・宗教はブレーキと言えます。運転で最も恐《おそ》ろしいのは事故です。最初からブレーキの利《き》かない車を走らせようとする人はいないでしょう。拝金主義と揶揄《やゆ》されても仕方のない経済最優先の日本の経済至上主義は、ハンドル操作もおぼつかず、ブレーキの利《き》かない車をアクセル全開で暴走させているようなもので、大事故を誘引しかねない危機的状況に感じられます。

宗教も多種多様ですから、すべての宗教がブレーキの役割を果たせるわけではありません。仏教は「少欲知足《しょうよくちそく》」を重んじる宗教です。『仏説無量寿経《ぶっせつむりょうじゅきょう》（上巻）』にも説かれていますが、欲を慎《つつし》んで、足ることを知る心です。

生きている限り尽《つ》きることのない煩悩《ぼんのう》ですが、「せめても」「少しでも」という慎《つつし》む気持ちの芽生えは、これまでのようなノーブレーキの生活を変えることでしょう。経済的な豊かさの恩恵を感じつつも、無批判に甘えない態度が求められているのではないでしょうか？

「手を合わせる」と「手が合わさる」は根本的に異なる態度です。「頭を下げる」と「頭が下がる」の違いと同じです。姿は同じであっても、心の違いがおわかりになるでしょうか？

「志望校に合格できますように！」

「試合に勝てますように！」

との気持ちから、ご都合主義で神仏を拝《おが》む神頼《だの》みは、「手を合わせる」行為です。お願いするから頭を下げます。

それに対して、尊敬や畏《い》敬の念から合掌するのが、自然と「手が合わさる」行為です。現代は手の合わさらない時代と言えます。人間としての大切な心が失われつつあるからです。その一つが「もったいない」の精神です。「フードロス」と呼ばれる食品の廃棄処分量も膨《ぼう》大ですし、電化製品は新商品が発売されると、次から次に新品を買い求めるのが当然のような時代です。

これまで日本人が重んじてきた「もったいない」の精神に感動し、地球環境保護活動を通じて、世界中に広めた外国人がいます。ケニアのワンガリ・マータイさんです。彼女は平和・環境活動への貢献が評価されて、ノーベル平和賞を受賞

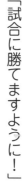

した経歴を持つ素晴らしい人物です。彼女の提唱する「3R」は、「Reduce《リデュース》（ゴミ削減）」「Reuse《リユーズ》（再利用）」「Recycle《リサイクル》（再資源化）」で、環境活動に取り組む上でのスタンダード（基本的）な考え方として定着しています。この「3R」に、限りある資源への「Respect《リスペクト》（尊敬）」をプラスしたのが「もったいない」の心であると語られます。現代の日本人よりも日本の心を理解されていると感服します。

実際の語源や由来とは異なりますが、「米」の漢字は「八十八」と読めることから、食するまでに「八十八の手間がかかる」とされ、農家の方々《かたがた》のご苦労を表す意味で語られてきました。田起こし↓代掻《しろか》き↓苗床《なえどこ》（苗代《なわしろ》）育成↓田植え↓除草作業↓肥料・農薬散布↓稲刈り（脱穀《だっこく》）↓乾燥↓籾《もみ》すり↓精米……、消費者にとっては、深く考えもせず日常的に炊いて食べている米ですが、口に入るまでには数々の行程があるのです。

一粒の米から二十四本の芽が出ます。その二十四本の芽が成長して稲になり、それぞれに約三〇〇粒の米を実らせた稲穂になります。たった一粒の米が、同じ年の秋には七、二〇〇粒程の食米に成就《じょうじゅ》するのです。その七、二〇〇粒が種籾《たねもみ》となれば、さらに翌年には、二五、九二〇、〇〇〇粒にも増えると学んだ記憶があります。お米は日本人の主食です。私の毎日の食事は、その一粒ずつから広がる無限の将来性を奪《うば》っているのです。人間は、そのように多くの命の犠牲の上にしか、自分の生命を維持できない罪深く悲しい存在です。なのに、「いただきます」と手も合わせず、食事の度に「ウマイ」「マズイ」「かたい」「やわらかい」程度の感想しか持ち合わせていないとしたら、申し訳《わけ》ないことです。私のために犠牲となった目の前の多くの命に「ごめんなさい」と「ありがとう」の気持ちを込めて、手を合わせていただくからこそ「食事」なのであって、手も合わせずに黙々と口に運ぶのであれば、ペットの「エサ」と同じです。

「お弁当は蓋《ふた》についた米粒から食べなさい」

幼い頃に、亡き祖母から教わった心得《こころえ》です。食べ物や持ち物を尊《とうと》び敬《うやま》う心を忘れてはいないでしょうか？　現代では「おかげさま」や「お互いさま」の精神も失われつつあります。

情けは人の為《ため》ならず

情けをかけることが相手のためにならないという意味ではありません。相手を思いやった言動は、必ず自分の身に返ってくることを教えています。

受けた恩は石に刻《きざ》み　かけた情けは水に流す

他人からしていただいた行為は末永く忘れず、自分がさせていただいた行為は

潔《いさぎよ》く忘れるという、人間としての美徳でありましょう。頭では理解していても、なかなかそのとおりに実践《じっせん》できていない日常です。逆に、してもらったことはすぐに忘れるのに、してやったことはいつまでも覚えている場合が多いのではないでしょうか？

私の住む熊本地方は、数年前に大地震に見舞われました。長い断水が続き、しばらくは雨水を溜《た》めて生活用水に使う原始的な生活を送りました。一滴の水が、こんなにも尊《とうと》いと感じた暮らしはありませんでしたが、年月の経過とともに、すっかり以前の生活に戻ってしまいました。

喉《のど》元過ぎれば熱さを忘れる

あれだけ大変な目に遭《あ》って、水のありがたさが身に染《し》みたにもかかわらず、短

期間で忘れてしまう情けなさこそ、愚《おろ》かさの証明であると深く恥《は》じ入《い》るばかりです。

11

近いものほど
見えづらい
自分の姿ほど
気づきにくい

「特殊詐欺《とくしゅさぎ》（振り込め詐欺《さぎ》）」の防犯講習会で、警察官の講話を聞いたことがあります。

　さて、問題です。この特殊詐欺《とくしゅさぎ》に最もダマされやすいのは、どのようなタイプの人間だと思いますか？　答えは、

「自分は絶対にだまされない」

と自信を持っている人なのだそうです。

「自分はダマされやすい性格だ」

「次は、私が被害者になるかもしれない」

という自覚のある人は、家族や友人にでも相談しようという気持ちを持っていますから、周囲からのアドバイスもあり、被害を未然に防《ふせ》ぐことができます。しかし、絶対の自信を誇《ほこ》る人間は、その過信から自分を疑う気持ちを持ちません。誰かに相談しようとも思わないでしょう。それで、まんまと犯人の術中にハマると

いうのです。自身の姿が見えにくいのが人間です。鏡に映《うつ》った姿を見て、ヘアースタイルや服装の思わぬ乱れに気づく瞬間があるように、思考や行動も客観的に指摘されて初めて、これまでの間違いに気づくことができるのです。

あるお宅に、八十五歳のおじいちゃんがいました。ご高齢ですが、とてもお元気で、ご自分で車の運転もされる現役ドライバーです。しかし、年齢的な不安もあり、ご家族から運転免許証の返納を提案されます。

「お元気なのは何よりですけど、高齢者の事故のニュースも多いし、そろそろ運転免許証の返納も考えたらどうかしら～？」

ところが、周囲の心配もどこ吹く風で、

「その辺《あた》りの八十五歳と一緒にしてもらっちゃ困る。俺は何十年も運転してきたが、ずっと無事故・無違反なんだから大丈夫！」

と強気です。本当は違反の常習者で、事故を起こしたのも一度や二度ではありま

せんが、ご本人に記憶がないのですから困ったものです。

そこで、ご家族は妥協案を提示します。

「じゃあ、運転をやめろとは言わないから、せめて病院ぐらいは、もっと近くに変更してもいいんじゃないかしら?」

現在のかかりつけの病院は、自宅の引越しをする以前からのままで遠く、いつも高速道路に乗って通院しなければならないほどの距離なのです。さすがに、高速道路の運転は危険と判断したご家族からの切実な要望でしたが、これさえも聞き入れない始末です。

ある朝、いつものようにご自分の運転で病院へと出発するおじいちゃんを見送り、その日、大学が休みだったお孫さんは、家でテレビを見ていました。すると、そこへニュース速報が飛び込んできました。

「九州自動車道○○インターチェンジ付近で一台の乗用車が逆走していると

いう情報が……」

お孫さんは慌《あわ》てます。

「まさか、ウチのおじいちゃんの車じゃないか⁉」

急いでおじいちゃんの携帯電話にかけてみるのですが、何度呼び出し音が鳴っても応答がありません。

「もう手遅れかも……」

最悪の事態が頭をかすめましたが、それを振り払うかのように祈《いの》る思いで何度も何度もかけ続けました。すると、電話がつながり、

「はい、もしもし……」

おじいちゃんの声です。

「おじいちゃん、無事だったか～」

安堵《ど》の思いから全身の力が抜けるのを感じました。

「運転中に電話してくるなんて危ないじゃないか！」

おじいちゃんはお孫さんを叱《しか》ります。

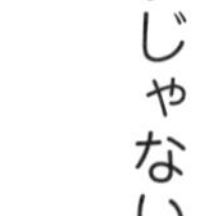

「ごめんごめん。でもね、高速道路を車が一台逆走してるってニュース速報が流れたもんだから、おじいちゃんの車じゃないかと思って、生きた心地《ここち》がしなかったよ。でも無事でよかった。じゃあ帰りも気をつけてね～」

お孫さんが電話を切ろうとしたそのとき、おじいちゃんから衝撃の一言が……。

「お前、何を言うとるか⁉　あのな、高速に乗ってからというもの、逆走してるのは一台どころじゃないぞ。どうしたことか俺以外の車は全部反対から走ってくるぞ～。今日は危なくてしょうがない！」

果たして、逆走していたのは一体どちらなのでしょうか？

これは小ばなしで実話ではありませんので、どうぞ安心してください。しかし、自覚がないというのは、それほど恐《おそ》ろしいことなのです。自分の姿が最も見えにくいがために、間違いや誤《あやま》りにも気づきづらいのです。

自己中心的な視点を「我見《がけん》」といいます。この見方が眼を曇《くも》らせ、真実を覆《おお》い隠《かく》し、いつも自分は正しく、相手を間違いにしてしまいます。実に自分に都合のいいように物事が見えてくるのです。

その闇《やみ》を破る光こそが仏さまの「智慧《ちえ》」です。親鸞聖人《しんらんしょうにん》は

「智慧《ちえ》の光明《こうみょう》はかりなし」

「光明《こうみょう》は智慧《ちえ》のかたちなり」


と、阿弥陀如来《あみだにょらい》の「智慧《ちえ》」を「光」に例えて表現されています。どんなに優《すぐ》れた視力を持っていても、真っ暗な部屋の中では何も見えません。しかし、そこに一筋でも光が差し込めば、見えなかったものが自然と見えるようになります。

世間の価値観や常識、あるいは自分自身の経験値を頼《たよ》りに生きているのが私たちの日常です。それは自我という真っ暗に閉ざされた殻の中で物事を判断しているようなものでしょう。ですから、いつも間違いや争いが起こるのです。智慧《ちえ》の光に照らされるとは、仏さまの間違いのない眼を借りて物事を見るということです。智慧《ちえ》の眼を借りるとは、世の中の価値観や常識ではなく、教理（教え）を軸にする生き方への転換です。そこから改めて世の中や自己を見つめてみると、明《あき》らかにこれまでとは見え方が変わっているはずです。

手元を大きく見せてくれる便利な拡大鏡が人気です。愛用者は「**世界が変わる**」と絶賛します。智慧もまた、これまでの私の眼では見えなかった世界を開くのです。

12

子どもの仕事は成長
おとなの本分は成熟

十二月十二日は「漢字の日」です。毎年、京都の清水寺《きよみずでら》で「今年の漢字」が発表されます。大きな筆文字が披露される光景は、師走《しわす》の風物詩の一つです。それと並んで、この日は「バッテリーの日」でもあります。バッテリーはバッテリーでも、充電のバッテリーではなく野球のバッテリーです。野球ではポジションによって守備番号があり、一番はピッチャー（投手）で、二番はキャッチャー（捕手）です。この組み合わせをバッテリーと表現するのが制定の理由のようです。

野球はチームスポーツですから、個人技だけでは試合になりません。剛速球が自慢のピッチャーの剛腕も、捕球できるキャッチャーの技術がなければ宝の持ち腐れですし、配球に定評のあるキャッチャーのサインも、コントロールの悪いピッチャーの前には無意味です。お互いに支え、支えられている関係は、まさに仏教の説く縁起の道理そのものです。

ところで、新聞のコラムによると、医学の分野で「精神神経免疫学《めんえき》」が注目されているそうです。心の持ち方（精神）が免疫系《めんえき》に関連することが解明されてきたのです。前向きで肯定的な生き方をしていれば、免疫《めんえき》機能が高まるという研究結果です。反対に、いろいろな心労（ストレス）や悲哀を抱《かか》えていたり、抑《よく》うつ状態では風をひきやすく、さまざまな感染症やアレルギー疾患、さらにはガンの発生率が高まることが知られています。

心の持ち方や考え方は、老い方にも影響します。老化とともに身体機能が衰《おとろ》えるのは当然で避《さ》けられません。老いの現実は、できることとできないことの狭間《はざま》を綱渡りするようなものでしょう。赤ちゃんの成長とは真逆です。無限の可能性を秘め、日々成長を続ける赤ちゃんとは対照的に、昨日まで自分でできたことが、今日はもうできなくなるかもしれませんし、今日までは自分でやれても、明日はどうなるかわかりません。その現実を真正面から受け止められなければ、愚《ぐ》痴《ち》や不平不満が増えるばかりでしょう。

老いる意味とは「成長」ではなく「成熟」にこそあります。人間として深められ熟するのです。英単語の「ＯＬＤ《オールド》」には「老練な」という意味があります。ただ古くなるのではなく、人間として成熟した姿です。

「若い者には負けん！」

「誰の世話にもならん！」

虚勢《きょせい》ばかり張っていたのでは、残念ながら成熟した魅力は感じられません。

仏教の「成仏」とは、人間として完熟した姿です。人間の理想の究極の完成形を意味します。しかし、残念なことに自分の力量によって完成をめざす道が閉《と》ざされているのが煩悩《ぼんのう》だらけの私たちです。浄土真宗《じょうどしんしゅう》の教えは、「自力《じりき》」ではなく「他力《たりき》」という育《はぐく》みによって完熟へと向かう道なのですが、それを他人の力を頼《たよ》りにする無気力な生き方と解釈するのは間違いです。太陽や雨水が野菜を成長させるように、自分ではどうしようもない私を完熟に向かわせる阿弥陀如来《あみだにょらい》の育《はぐく》み

を「他力《たりき》」というのです。
子どもの頃、大人が苦瓜《にがうり》（ゴーヤ）を美味《おい》しそうに食べている姿が信じられませんでした。どんなに美味《おい》しいものかと試《ため》しに食べてみたのですが、私には苦《にが》いだけだったからです。子どもの味覚では、苦瓜《にがうり》は名前のとおりで、ただ苦《にが》くて青臭いだけの野菜でしかありませんでした。青臭く感じたのは、私の味覚が未熟だったからでしょう。しかし、歳を重ねると、その苦味《にがみ》が不思議と旨味《うまみ》に感じられるようになりました。苦瓜《にがうり》が変わったのではなく、私の味覚がそのように育てられたのです。これが味覚の成熟です。

苦瓜《にがうり》の苦味《にがみ》がいいと言う親に 〝そうだね〟と言える歳になり

お念仏も同じで、若い頃には尊《とうと》いともありがたいともなかなか感じられないものです。しかし、私よりも先に深い味わいに気づかれた方々《かたがた》との関わりや交わりが、私にも同じように味わえる共感の世界を開くのです。目が霞《かす》むようになっても「おかげ」が見え、耳が聞こえづらくなっても「仰《おお》せ」が聞こえる人間に育てられる深まりこそが、人間としての成熟です。

我《われ》が我《われ》がの我《が》を捨てて　おかげおかげの下《げ》で暮らせ

「私の我慢」「俺の努力」「自分の頑張り」との思い。「我」を中心に置いて生きている日常ですが、「我」に終始するならば、狭《せま》い視野と了見しか持たない空虚な人生に終わるでしょう。ふんぞり返って、のぼせ上がった頭では足元が見えませんから、滑《すべ》って転んで大ケガをします。

実るほど　頭《こうべ》を垂《た》れる　稲穂かな

実りある人生を送る人は、頭も腰も低いことを表しています。死ぬまで煩悩《ぼんのう》と別れられない私たちですから、この世での完熟は不可能ですが、浄土《じょうど》での完熟に向けて、「我」を捨てられないまでも、まずは足元を見つめてみることから始めましょう。己《おのれ》の小ささに気づかされると、実らずとも自然と頭は下がってくると思います。

13

生きる元気の三大要素

①宗教（信仰）
②音楽
③ユーモア（笑い）

模擬テストでの珍解答です。

問題「大は小を兼ねる」

この慣用句の意味を答えなさい—

模範解答「大きいものは、小さいものの代用として使える」

珍　解　答「大便をするときは、小便も一緒に出る」

ある学校の試験で、そのように書かれた答案用紙があったとか……。国語のテストですから、さすがに○はもらえなかったでしょうが、ユーモア（笑い）とい

う科目があったとしたら、私は解答者に満点をあげたい気持ちになります。笑える動物は人間だけです。ユーモアには、人間に生きる元気を与える不思議な力があるのです。

災害時に被災者が身を寄せる避難所では、高齢者を中心に体調を崩《くず》す人が多くなります。非日常的な生活での睡眠不足や衛生面の問題、さらには不規則な食事による栄養バランスの乱れなど原因はさまざまですが、大きな環境の変化による心的ストレスが最大の要因に挙《あ》げられます。

心配や不安ばかりが先行する精神的ストレスを抱《かか》えている状態では、笑う機会は少なくなり、病気に対する身体的な免疫《めんえき》機能や治癒力《ちゆりょく》も低下することが知られています。ストレスを緩和《かんわ》し、心に元気を取り戻すことが、身体の元気を回復することにも直結するのですから、ユーモアは最上の妙薬なのです。

これまでに二五〇〇人以上の末期がん患者を看取《みと》られた柏木哲夫《かしわぎてつお》医師（淀川キ

リスト教病院理事長）は、終末医療のスペシャリスト（専門家）です。東京新聞に「老いを楽しむ」と題して書かれたコラムの中で、

老いを楽しく過ごす上で、その人がユーモアのセンスを持っているかどうかが、かなり重要であると思っている。

と語られ、ご友人の親しくされている老夫婦（当時：夫九十二歳／妻八十七歳）の話題が紹介されています。ご友人が夕食に招待された席で、

「長生きの秘訣《ひけつ》は何ですか？」

と尋《たず》ねると、

「息をするのを忘れないことです」

ご主人のユーモラスな答えに大笑いです。

少し硬《かた》めの肉を、ご主人が歯茎だけでかんで食べられる姿を見て、

「すごいですね」

と驚《おどろ》くと、

「歯はないのですが、長年歯茎でかんでいると丈夫になって、肉は十分かめますよ」

とのご主人の答え。

「入れ歯はどんなときにするのですか?」

思わず尋《たず》ねると、

「それは歯を磨《みが》くときですよ」

見事な応答に、これまた大笑いです。

「この前、入れ歯を題材にしてつくった川柳が新聞に載《の》りましてね」

と、今度は奥さまがニコニコしながら会話に参入され、

「どんな句ですか？」

の問いに、

「合わぬはず　ジイチャンそれは　私の歯」

と答えられたとか。絶妙な会話とおもしろ川柳に、コラムを読みながら声を出して大笑いしました。

ユーモアのある人物には、心の大らかさが感じられ、接していても心地《ここち》よい安心感を抱《いだ》かせてくれます。逆に杓子定規《しゃくしじょうぎ》で気難しい人物には、窮屈《きゅうくつ》で居心地《いごこち》の悪さを感じるのは私だけでしょうか？　しかし、それも尊重されるべき大切な個性です。人格を否定するつもりはありません。

ユーモアは斬新な発想から出てくるものです。「物事を違った角度で見る」という点においては、仏教とも共通するように思えます。自分の置かれた状況を異なった視点から観察できる柔軟性や客観性を生み出す態度は、「自己距離化」と表現されます。

柏木哲夫《かしわぎてつお》医師によると、有名な精神医学者であるヴィクトール・E・フランクルが、著書『夜と霧』の中で述べているように、ナチスの強制収容所での耐《た》えがたい苦しみに耐《た》えきれず、次々と死んでいく人々の中で、生き残った者に生きる力を与えた三つの事柄は「祈り」「音楽」「ユーモア」だったそうです。「宗教的祈りを捧《ささ》げる人」「音楽を愛する人」「ユーモアのセンスを持っている人」が、最後まで生き残ったのです。絶望的で逃《のが》れる道が見えない状況でも、ユーモアが眼前の事態と自分との間に距離を置かせる働《はたら》きを果たし、自己や人生を異なった視点から観察できる柔軟性や客観性を生み出す「自己距離化」という概念をフランクルは提唱しています。映画『タイタニック』のワンシーンでは、乗客のパニックを鎮静化させるために、沈没しようとする船上で命をかけて音楽を奏《かな》で続けた楽団員の姿も描かれました。

自分自身を客観視する視点を持つことで、人生観も世界観も変わります。これまでの常識や価値観が破られて、物事の見え方や考え方に広がりと深まりが生まれるのです。自我という狭小《きょうしょう》な殻に閉じこもっている私たちに、その危《あや》うさを教え、別の視点を与える多面性と多様性を説くのが仏教です。

「信仰を持つこと」「音楽を愛すること」「ユーモア（笑い）」

この三大要素には、人生上の悲痛や苦悩を緩和《かんわ》し、苦難や困難をも元気へと転じる力があるのです。

14

煩悩は本当に喜ぶべきことを喜べなくする

山形県に「十四代」という銘柄の日本酒があります。「幻《まぼろし》の銘酒」と称されるほどの美酒で、私自身が大ファンなのですが、品薄で希少価値が高く、なかなか味わう機会に恵まれません。

ところで、死後の世界を誰しも一度は考えたことがあるでしょう。あれこれ想像してみた話題で、会話が盛り上がったりもするものです。

法事が済んだ後の食事（お斎《とき》）の席でのことです。

「お浄土《じょうど》にも酒はありますか～？」

酒豪で名の知れたご主人から、ストレートな質問を受けました。お酒が飲めるかどうかが、ご本人にとっては切実な問題のようです。

さて、こんな小ばなしがあります。ある日曜日の昼間に、法事の席で私と同じような質問を受けた住職がいたとか。

主人「お浄土《じょうど》でも、お酒飲めますかねぇ？」

住職「心配しなくても大丈夫ですよ。ここだけの話ですけど、お浄土《じょうど》には居酒屋もありますから、好きなだけ飲めますよ～」

主人「えっ？本当ですか？」

その人は、目を丸くして驚《おどろ》きました。

住職「ちゃんと、ありますよ！」

主人「じゃあ、飲めるんですね？」

ご主人は、とてもご機嫌《きげん》で嬉《うれ》しそうな様子です。

そこで再び住職が口を開きました。

住職「あっ！そうそう、さっき読経をしながら仏さまに聞いてみたんです。そうしたら、お浄土《じょうど》の居酒屋に、来週の日曜日、ご主人の名前で予約が入っているらしいですよ。あちらでも大好きなお酒が飲めますよ。望みどおりになって、よかったですね～」

主人「あの～……ご住職……、せっかくなんですけど……、できればその予約キャンセルしておいてください……」

オチがおわかりいただけましたか？　お浄土《じょうど》で酒が飲めると聞いて喜んだものの、それが来週では、ちょっと早過ぎたようですね。

娑婆《しゃば》での生活は、いつまでも名残惜《お》しいものです。そもそも、お酒が飲めるかどうかを心配してしまうのは、煩悩《ぼんのう》を抱《かか》えているからです。ですから、煩悩《ぼんのう》がなくなれば、そのような心配も消えてなくなるのです。

死後の世界を想像する場合にも、容姿・性格・記憶・生活習慣など、何も変わらないこのままの自分を前提として、現在の生の延長線上に考えている人が多いようです。つまり、「この世」から「あの世」へと世界は変わっても、自分自身は変わらずに持ち越されると考えているのです。しかし、残念ながらそうではありません。

「浄土《じょうど》」は、私自身が決定的につくり変えられる世界です。すべての煩悩《ぼんのう》が滅するのです。波風の立たない凪《なぎ》のような静まり返った世界であることから、「涅《ね》槃《はん》」や「寂静《じゃくじょう》」とも表現されます。それに対して、私たちの世界は絶《た》え間なく波風が立っています。なぜなら、お互いが「我」を張って、「他」とぶつかり合って生きているからです。それで「ガタガタ（我他我他）」するのです。「我」への執着こそが人間の苦悩の原因で、さまざまな煩悩《ぼんのう》を引き起こし、心と身体を悩ませ苦しめています。

浄土《じょうど》への誕生は、波風の立つ世界からの卒業です。清流も濁流も海へと流れ込めば、同じ海水となるように、「我」から解放されて、「わたし」「あなた」という自他を隔《へだ》てている垣根がなくなった完全なるバリアフリーの世界を浄土《じょうど》というのです。煩悩《ぼんのう》を引きずったままの世界ではないのですから、お酒を求める気持ちが起こるはずもないのです。

久遠劫《くおんごう》よりいままで流転《るてん》せる苦悩《くのう》の旧里《きゅうり》はすてがたく、いまだ生《うま》れざる安養《あんにょう》浄土《じょうど》はこひしからず候《そうろ》ふこと、まことによくよく煩悩《ぼんのう》の興盛《こうじょう》に候《そうろ》ふにこそ。

（唯円《ゆいえん》『歎異抄《たんにしょう》』第九章）

始まりのない果てしなく遠い過去から今日まで、迷いを重ね続けてきたこの世は、苦悩の尽《つ》きない世界とは知りながらも、いつまでも名残惜《お》しいものですし、浄土《じょうど》がどんなに素晴らしい世界であると聞かされても、少しもドキドキ&ワクワクしないのは、煩悩《ぼんのう》が激しく燃え盛《さか》っている証拠です。煩悩《ぼんのう》が満たされる喜びしか知らない私たちは、本当に喜ぶべきことが喜べないのです。一切の苦悩や煩悩《ぼんのう》が滅して、本当に喜ぶべきことを喜べるようになる世界は、どんなに素晴らしいでしょう。

15

最大の死因は無常の世に生まれたことなのです

人気ドラマ『ガリレオ』の主人公は天才物理学者で、

「すべての現象（事象）には理由がある」

「結果には必ず原因がある」

という理論から、怪奇事件を解決に導きます。物理と仏教を対角線上に置く人は多いでしょう。しかし、仏教ほど科学的な宗教は他にありません。釈尊《しゃくそん》は、理路整然と理知的に私たちの心に語りかけます。一つの結果は新たな事象の直接的原因や間接的原因（縁）となって、次の結果をもたらします。この世のすべての事柄は、原因と結果との複雑な関わりによって成り立っていると説く仏教の縁起観は、科学的整合性にも矛盾がありません。

「① 悪性新生物（がん）」

「② 心疾患」

「③ 脳血管疾患」

日本人の死因で多いとされる順番に並べてみました。これらは三大疾病として広く知られています。近年は高齢化も後押ししてか、「肺炎」が第三位に浮上したともいわれます。いずれにしても、世の中で死因と呼ばれるものは多々ありますが、これらは仏教的には、死の「因」ではなく「縁」です。では、本当の死因とは一体何なのでしょう？ それは、「この世に生まれた」という事実に他なりません。灯火が灯った瞬間に、遅かれ早かれ必ず消えるということも決定するように、「老・病・死」は外からやってくるのではなく、生まれた瞬間から、すでに私たちの内側にあるのです。

がんの告知を受ければ、多くの人間は死の宣告を受けたと絶望を感じるでしょう。しかし、考えてみれば、人間は誰もが生まれた瞬間に死の宣告を受けているようなものです。そのことを忘れて日々を過ごしている私たちです。

ところで、二月十五日をバレンタインデーの翌日ぐらいにしか考えていない日本人は多いでしょうが、この日は釈尊《しゃくそん》のご命日「涅槃会《ねはんえ》」です。「涅槃《ねはん》」は「すべての煩悩《ぼんのう》が滅した境地」という意味です。肉体からも解放され、その完全な寂《じゃく》静《じょう》の世界（滅度《めつど》）へと入られたことから、釈尊《しゃくそん》の死を入滅《にゅうめつ》といい、この日を涅槃《ねはん》会《え》と尊《とうと》びます。

釈尊《しゃくそん》はチュンダという青年が差し出した食事で体調を崩《くず》し、次第に容態が悪化して、ついに息を引き取られます。チュンダは取り返しのつかないことをしてしまったと、悔《く》やんでも悔《く》やみきれない思いに苦しんだに違いありません。しかし、釈尊《しゃくそん》はこう語られています。

チュンダによくよく伝えるがよい。チュンダが供《そな》えた食事が最後のものと

なったが、彼は決して後悔する必要はない。成道《じょうどう》の前に供《そな》えられた乳粥《ちちがゆ》の供《く》養《よう》と入滅《にゅうめつ》の前に供《そな》えられたチュンダの供養《くよう》とは、ともに同じくらい功徳《くどく》の大きい、価値あるものであった。

（小山一行《おやまいちぎょう》『釈尊《しゃくそん》の道』より）

釈尊《しゃくそん》の安《やす》らかで静まった心境を感じるのと同時に、食事と一緒に死の縁まで与えてしまったチュンダへの思いやりの心が伝わってきます。

死の縁は無数にあります。いつ、どこで、どのような状況で自分が死を迎えるのかを想像してみたところで、答えは永遠に謎《なぞ》です。しかし、死ぬ「とき」は決まっていませんが、死ぬ「こと」は決定済みですから、絶対に逃《のが》れられません。病気や事故など、死の縁ばかりを問題にしている私たちですが、改めて死の因に目を向けたいものです。灯《とも》ったロウソクは必ず消えるのです。途中で消えるか、燃え尽《つ》きて消えるかの違いがあるだけです。残りの時間を心配するよりも、ただ「いま」「ここ」を生きるしかないのです。

死は、秩序正しく年齢順に巡《めぐ》ってくるものではありません。いつも不定期で予測不能です。ご近所や親類間でも、間を空けずに亡くなる人が二人・三人……と続く場合も当然のようにあります。

「友引《ともびき》に葬式をするなんて非常識だ」

「友引《ともびき》に葬式をしたから不幸が続くんだ」

正しい知識を持たず、物事の道理から遠い人に限って、このように因果《いんが》関係のない他者を批難するような恥《は》ずかしい態度で、周囲の混乱を招《まね》きかねません。まさに、親戚中が迷惑するトラブルメーカーです。

ちなみに「友引《ともびき》」とは、昔の中国で戦《いくさ》の結果を占《うらな》った「六曜《ろくよう》」に端を発します。

他に「先勝《せんしょう》」「先負《せんぶ》」ともありますが、勝負事には勝ち負けの他に引き分けもありますから、これが「共引」で、現在の「友引《ともびき》」の語源と考えられています。間違っても「友を引く」という意味では使わないように気をつけましょう。『ガリレオ』の主人公なら、きっとこう言うでしょう。

「実におもしろい！」

16

鬼は世間ではなく
私の中にいるのです

毎月十六日は親鸞聖人《しんらんしょうにん》のご命日です。思いどおりにならない自分自身と向き合いながら、南無阿弥陀仏《なもあみだぶつ》とともに九十年間のご生涯を生き抜かれました。九歳で出家・得度《とくど》（僧侶になる儀礼《ぎれい》）をされてより、以後二十年間を比叡山での学問・修行に費《つい》やされました。しかし、それらが人生の意味を明らかにする答えにはならず、絶望とも言える心境で、二十九歳にして下山を決意されるのです。山登りであれば、下山は足取りも軽いのでしょうが、比叡山の修行僧にとっての下山は、リタイア（挫折）なのです。比叡山との別れを決意しつつも、まだ心は揺《ゆ》らいでいたに違いありません。京都の六角堂《ろっかくどう》に一〇〇日間の参籠《さんろう》を思い立たれ、往復約四〇㎞の道のりを来る日も来る日も通《かよ》い続け瞑想《めいそう》されます。そして、ついに九十五日目の明け方に、夢の中に現れた聖徳太子《しょうとくたいし》の言葉に背中を押されるようにして、後《のち》の生涯の師匠となられる法然《ほうねん》（源空《げんくう》）上人《しょうにん》を訪ねられるのです。修行に挫折し、迷いを抱《かか》えたまま自《みずか》らを訪ねてきた親鸞聖人《しんらんしょうにん》に対して法然上人《ほうねんしょうにん》は、

愚者《ぐしゃ》になりて往生す

このように諭《さと》されたと伝えられています。愚《おろ》かな自身への目覚《めざ》めこそが仏心《ぶっしん》にかなう道であるという意味です。両者の間には、四十歳の年齢差があります。実は法然上人《ほうねんしょうにん》も四十三歳まで、比叡山で修行をされていた経験をお持ちです。親鸞聖人《しんらんしょうにん》の一歩先を歩まれたのが法然上人《ほうねんしょうにん》でした。もしかしたら、初対面の親鸞聖人《しんらんしょうにん》の姿が、若かりし頃に救いの道を求めて苦悩した自身の姿と重なってお見えになったのかもしれません。とてもドラマチックなシーンです。法然上人によって、万人に開かれたもう一つの仏道が明かされたのです。

比叡山での仏道は、賢者《けんじゃ》になって成仏する道でした。その道に挫折し、絶望の淵《ふち》に立たされていた親鸞聖人《しんらんしょうにん》にとって、これまでの常識や価値観を一八〇度転換させる一言が、どれほどの衝撃を与えたかは言うまでもありません。人生を大きく変えるターニングポイントになったのです。

腹が立ったら鏡を出して顔を見ろ
鬼の姿が無料《ただ》で見られる

お寺の伝道掲示板で見かけた言葉です。普段は菩薩《ぼさつ》のように穏《おだ》やかな顔をしている人でも、怒りに狂えば鬼の形相になるものです。鏡に映《うつ》った自分の顔が鬼のように見えたなら、恥《は》ずかしくて仕方がありません。この自《みずか》らを恥《は》じる心は、欲や怒《いか》りの炎を鎮火させるのにとても有効です。理性や知性ではコントロールできないのが感情だからです。私たちの内側には、生まれた瞬間から鬼が住み着いています。気分や機嫌《きげん》によっては息をひそめていますが、いざ欲が満たされなかったり、思いどおりにならなかったりすると、この鬼は途端に暴れ出します。世間

や他人ではなく、自分の中にいる鬼の姿が見えた人は、心の鏡を持てた人です。

セトモノとセトモノと
ぶつかりっこすると
すぐこわれちゃう
どっちかやわらかければ
だいじょうぶ
やわらかいこころをもちましょう
そういうわたしは
いつもセトモノ

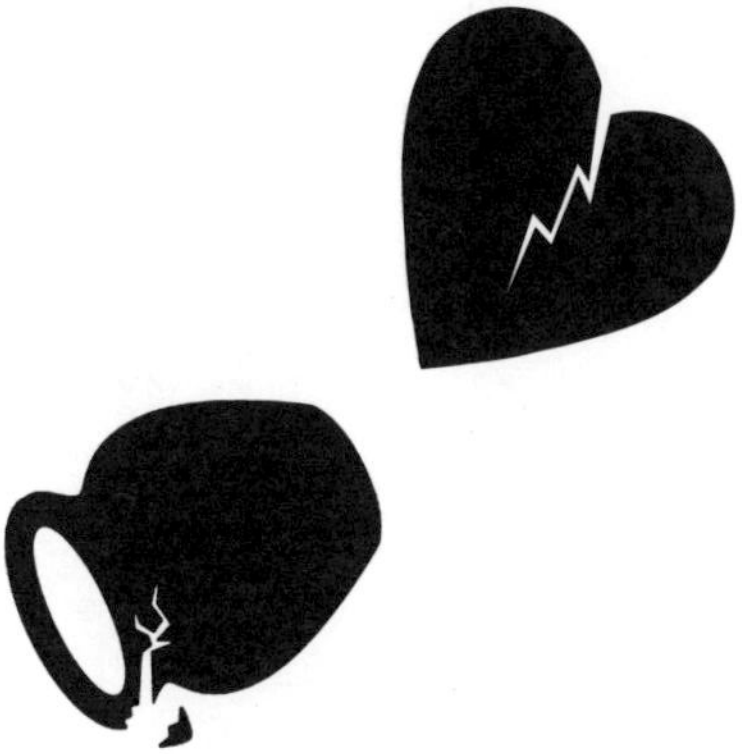

（相田《あいだ》みつを「セトモノ」）

硬《かた》い（固い）物（者）同士が衝突すると、片方あるいは両方が壊《こわ》れたり傷ついたりします。そうならないためには、どちらか片方でもやわらかければ大丈夫でしょう。ですから、

「やわらかいこころをもちましょう」

まず、作者は語りかけるのです。しかし、この詩はそれで終わりません。

「そういうわたしは
いつもセトモノ」

この言葉で最後を締《し》められています。ここに奥の深さを感じるのです。

「他人に迷惑をかけないように」
「相手を傷つけないように」

世間は道徳的な言葉に満ちています。そのとおりに生きていくことが人間としての理想かもしれません。しかし、日々の生活は周囲に迷惑をかけてばかりです

し、善意の鏡は曇《くも》りやすいので、こちらの善意が逆に相手への余計な押しつけになったりもします。自分の心にブレーキが利《き》かない状態を知る人もいるでしょう。アンコントロール（操縦不能）は乗り物や機械だけの問題ではありません。人間も同じなのです。自己を自在にコントロールできると考えるのは思い上がりであって、自分自身の本性（正体）と向き合えていないだけです。

「私の中に鬼などいない」

あなたは本当にそう言いきれますか？

17

奪い合うは地獄
分かち合えば極楽

私の友人が教えてくれた、遠い国に伝わる古くて深い話です。

――むかしむかし、アラブに年老いた富豪がいました。自分が死んだ後で、三人の息子たちがケンカをしないように遺言を残しました。

「私が死んだら、財産のラクダを次のように分けなさい。半分を長男に、三分の一を次男に、九分の一を三男に与えることにする」

それから間もなくして、父親は亡くなりました。父の遺言に忠実にラクダを分けようとした兄弟ですが、ここで困った問題が起こりました。父親の所有していたラクダを数えてみると、全部で十七頭なのです。どう考えてみても、十七頭のラクダを、二分の一・三分の一・九分の一に割る方法が見つかりません。どのように分配するかで、とうとう兄弟三人での言い争いが始まってしまいました。

そこへ、一人の旅人がラクダに乗って通りかかりました。兄弟ゲンカの仲裁に入り、争いの理由を聞いた旅人は、

「なるほど、それならば私が乗ってきたラクダを差し上げましょう。ケンカをせずに分けることができるでしょう」

とアドバイスしました。確かに、旅人のラクダを一頭もらってプラスすると十八頭となり、長男は半分の九頭、次男は三分の一の六頭、三男は九分の一の二頭をもらうことができるではありませんか！　おかげで、見事にケンカは一件落着しました。自分の一頭を譲《ゆず》ってくれた親切な旅人のおかげと感謝しながら、三人がラクダの数を計算してみると、長男九頭＋次男六頭＋三男二頭＝合計十七頭にしかなりません。

すると、それを見届けた旅人は、

「それじゃあ、残った一頭は、私に返してもらいますよ」

そう言い残して、自分の乗ってきたラクダを連れて去って行きました――。

さあ、理解できましたか？　割りきれないはずのものが、一頭のラクダを加え

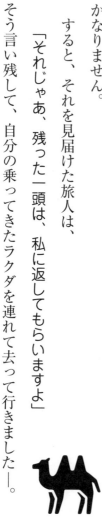

ることによって、見事に割りきれてしまうという、まるでトリックのようで、頭の中が？？？？？？？？？？でいっぱいになります。

では、どうしてこのような結果になるのか謎解《なぞと》きをしましょう。算数の問題として考えてみます。それぞれが得《え》られるラクダは「二分の一」「三分の一」「九分の一」です。まず分母を通分すると、「十八分の九」「十八分の六」「十八分の二」となり、プラスした答えは「十八分の十七」となります。つまり、十七頭のラクダを十八分割するのが最初から不可能なのです。しかし、「十七」を「十八」にすることで、「二」でも「三」でも「九」でも割りきれる計算のしやすい数字となり、結果として加えた分の一頭が余るという答えになります。

ところが、兄弟は十七頭という数にとらわれ、自分が損をしないことばかり考えたがために、正しい答えを導く方法を誤《あやま》ったのです。ラクダを切り裂いて分けたのでは元も子もありませんものね。

少し考え方を変えて、始めから長男が一頭少ない八頭で我慢をし、同じように次男は五頭で、末っ子は一頭で我慢しようとしていたら、合計十四頭ですから、その時点でラクダは三頭余る計算になります。これを兄弟三人で仲良く、さらに一頭ずつ均等に分け合うことができ、長男は九頭、次男は六頭、三男は二頭を最初から手にしていたのです。旅人のラクダを借りるまでもありませんでした。

うばい合えば足らぬ
わけ合えばあまる

相田《あいだ》みつを氏（詩人）の言葉が思い起こされます。

18

さよならのない
〝いのち〟の別名を
南無阿弥陀仏という

毎月十八日は「ファーストエイドの日」です。「1」は「ファースト」で「8」＝「エイト」ですが、点々をつけて「〝8」これで「エイド」と読ませます。ファーストエイドとは、応急処置や救急救命を表す言葉です。救命医療の現場では、救急車が到着するまでの応急救命手当（心肺蘇生法＆ＡＥＤ）が生と死を分けるとして重要視されます。初期対応が迅速で的確なほど救命率が高まります。

現場は異なりますが、住職としての仕事も初期対応の大切さを痛感する場面が多々あります。

宗派や地域によって、お盆の風習もさまざまですが、先祖の霊を迎えるために火を焚《た》いたり、提灯《ちょうちん》を用意したり、精霊馬《しょうりょううま》を飾《かざ》ったりするイメージが一般的でしょう。（※浄土真宗ではいたしません）

精霊馬《しょうりょううま》とはキュウリやナスに割り箸などを刺して足をつけ、馬や牛に見立てたものです。先祖の乗り物とされます。わが家に早く帰ってきてほしいとの思いから、キュウリは脚《あし》の速い馬に、あの世へはゆっくり戻ってもらいたいとの理由で、ナスは歩みの遅い牛になったようです。ナスの牛には、供《そな》え物の荷を運ぶ役割もあります。近頃では、故人の嗜《し》好を反映し、野菜で自動車や飛行機をデザインした斬新な精霊馬《しょうりょううま》も見受けられ、それぞれに亡き人への思いが感じられます。

さて、ご近所の初七日《しょなのか》での出来事です。ちょうど日曜日ということもあり、小学二年生の女の子がお参りしていました。亡くなったのは、この子のおじいさんです。読経と法話が済み、お茶をいただきながら一服している私の正面に行儀よく正座していたものですから、葬儀《そうぎ》での光景を回想しつつ、

「○○ちゃんが読んでくれたおじいちゃんへの手紙、とっても上手《じょうず》だったね～」

とほめました。嬉しがったり照れたりする仕草を期待していたのですが、少女の反応は想定外でした。

「おじいちゃん、ちゃんと間に合うように帰ってくるかな〜？」

彼女は問うようにつぶやきました。言葉の意図がつかめず戸惑《とまど》う私に、周りの大人が親切に事情を説明してくださり、ようやく納得できたのと同時に、とても微笑《ほほえ》ましい気持ちになりました。

この子が三歳の頃、おじいちゃんは水族館で買った「カメのぬいぐるみ」をプレゼントしてくれたそうです。以来、カメさんは彼女の大《だい》のお気に入りとなり、ずっと大切にしてきました。改めて付近を見渡すと、お仏壇の手前にカメのぬいぐるみが意味深に置かれていることに気づきました。どうやら少女は八月の初盆に、大好きなおじいちゃんがカメに乗って帰ってくると信じているようです。ところが、カメは鈍足な生き物です。果たして、自分がお参りする予定のお盆までに、間に合うように帰り着いてくれるかどうか心配で仕方がないのです。他県に住む彼女にとって、日頃は会えない祖父母が笑顔で迎えてくれるお盆の里帰りは、幼心に特別な意味を持っていたに違いありません。

その純心さに胸を打たれたと同時に、彼女の不安を払拭《ふっしょく》したい一心で私は答えました。

「おじいちゃんも〇〇ちゃんに会えるのを待ち遠しく思ってくれているよ。それに、おじいちゃんは優《やさ》しいから、ゆっくりしか歩けないカメの気持ちも考えて、お盆にはちゃんと間に合うように、早めに出発してくれるから大丈夫だよ！」

悲しみの中にも、笑顔の花が一輪咲いた瞬間でした。

「優《やさ》しかった」とか「好きだった」とか、少女はおじいちゃんを一度も過去形では語りませんでした。おじいちゃんとの関係は、亡くなってからも変わらず現在進行形で続いているのです。お盆を待たずとも、手を合わせる彼女の中で、亡きおじいちゃんの仏さまとしての仕事は、もう始まっていました。心配するまで

もなく、すでに間に合っていたのでした。ずっと、いつも、いつまでも……、あなたに寄り添い、導き、育む、さよならのない〝いのち〟の別名を南無阿弥陀仏《なもあみだぶつ》といいます。

19

人生の宿題は終わりましたか？

小学三年生の夏休みの出来事です。息子は宿題を終わらせることができませんでした。最終日の夜になって、残りの宿題を済ませるべく、思い出したかのように机に向かったのですが、自分の能力を過信していたのでしょう。そう簡単に片づけられる分量ではなかったようで、あえなくギブアップ。終わらなかった宿題を新学期に持ち越す情けないスタートになりました。息子を叱《しか》りはしたものの、宿題を忘れてしまっているのは、大人とて同じかもしれないと思いました。

「人間は何のために生きるの？」

もし、子どもから唐突に答えを求められたら、この問いにどのようにお答えになるでしょう？

「そんなことは考えなくてもいいから勉強しなさい！」

と答えたくなる大人が多いのではないでしょうか？　知っている知識は自慢気にひけらかしたくなるものですが、このような質問に対して真っ向から答えようとしない理由は、問われた本人も答えを持ち合わせていないからです。だからこそ、お茶を濁《にご》したり、ごまかしたりするしかないのです。

「勉強するのは何のため？」

と問われれば、

「いい学校に進学するため」

自信を持って答える人は多いでしょう。

「じゃあ、いい学校に進学するのは何のため？」

と問われたら、

「いい企業や会社に就職するため」

と答え、さらに

「じゃあ、いい企業や会社に就職するのは何のため？」

そう詰《つ》め寄られたら、

「高い給料で、何不自由のない生活をするため」
「立派な家に住んで、幸せに暮らすため」

とでも答えたとして、

「だったら、僕は勉強するよりも遊んでる方が、自由で幸せに暮らせるんだけどなあ……」

と返されたら、困り果てて降参するしかありません。

このような問いを持ったお子さんは素晴らしいと私は思います。大人になっても、真剣な態度で人生の意味を考えた経験のない人もいるでしょう。自身の存在の本質に関わるような純粋な問いの発露《はつろ》は素晴らしいことです。

仏教には「求道心《ぐどう》」という言葉があります。道を求める心は仏道そのものであり、問いを持つ心が自然と正しい答えへと導くのです。

「何のために生まれたのか？」
「何のために生きるのか？」

一人ひとりに与えられた大切な宿題なのですが、どこかに置き去りになってはいないでしょうか？　しかも、この宿題には制限時間があり、カウントダウンが進んでいます。タイムリミットは刻一刻と迫《せま》っているのです。答えを求めない人生は、着陸地点も考えずに離陸した飛行機と同じです。そのことを忘れて享楽《きょうらく》や雑事《ざつじ》にばかり時間を費《つい》やしていたのでは、悲惨《ひさん》な末路が心配されます。

一流大学を卒業後、有名企業に就職し、高収入を得て、容姿端麗な理想の伴侶と結ばれ、立派な家を建てて、子宝にも恵まれ、親孝行の息子や娘、さらにはかわいい孫たちに囲《かこ》まれた悠々自適なセカンドライフを送ろうとも、残念ながら死からは絶対に逃《のが》れられません。一生懸命に築《きず》いてきた学歴も地位も財産も家族も、死の問題解決の前では無力なのです。これまでに培《つちか》った知識や経験や人脈も役には立ちません。

さあ、幸せな結末に向けて、もう宿題は終わりましたか？

毎月十九日は「トークの日」です。人生の宿題について、誰かとじっくり語らい合う日にしてみてはいかがでしょうか？

20

愚者にして
愚なりと知らば
すなわち賢者なり

春先に空が霞《かす》む現象を春霞《はるがすみ》と表現します。ご近所さんが、いつものように朝起きて、キッチンの窓を開けてみると、空気が霞《かす》んで遠くの山がぼやけて見えたそうです。小学生のお孫さんに、

「ほら、これが春霞《はるがすみ》よ～」

と何気なく教えると、

「おばあちゃん違うよ。これはＰＭ2.5っていうんだよ！」

と逆に教えられたとか。

現代は科学万能の時代です。その進歩によって、以前は解明できなかった事象や現象が徐々に明らかになりつつありますが、反対に情緒や風情《ふぜい》が失われ、理屈ばかりが横行しているようにも感じます。

テレビのクイズ番組では、難しい問題に正解できた人は賢《かしこ》く見え、簡単な問題にも答えられなかった人は無知に思えてきます。世間では外側の見識に明るい者

を「賢者《けんじゃ》」とし、逆に物事を知らない者は「愚者《ぐしゃ》」とされます。

現代社会は豊富な知識や教養を鎧《よろい》のようにまとい、理論で武装して相手に勝つことのみを是とする戦場と化しているように感じられてなりません。知識や教養は、世の中を生きる上では確かに必要ですが、物事を知っている者こそが賢《かしこ》いという傲慢《ごうまん》で思い上がった態度は、内側に向ける眼を曇《くも》らせ、考えや行いを省《かえり》みる心は失われるでしょう。

仏教での賢者《けんじゃ》とは知識や教養を持った者のことではありません。あらゆる煩悩《ぼんのう》を克服《こくふく》して、欲望や怒《いか》りの感情に振り回されず、

「私の……」「自分の……」

という執着を離れて、無我の境地に達した覚者《かくしゃ》（真実に目覚《めざ》めた者）です。残念ながら、そのような賢者《けんじゃ》への道を閉《と》ざされている私たちですが、内側に明るい者として生きる道があるのです。知識ではなく、阿弥陀如来《あみだにょらい》の智慧《ちえ》を軸とした生き

方への転換です。智慧《ちえ》は「灯火」であり「光」ですから、照らされると自分の正体や本性が浮き彫《ぼ》りとなります。

世間に明るく、社会を熟知していたとしても、自己に暗い者は無知であると説くのが仏教です。尽《つ》きることのない煩悩《ぼんのう》や私利私欲への執着を離れられない悲しき身に気づけたならば、これまでの思い上がりを恥《は》じる心も芽生えるでしょう。そこには安《やす》らかな境地に至《いた》る道が約束されています。

釈尊《しゃくそん》の言葉を拾《ひろ》い集めた『法句経《ほっくきょう》』は、パーリ語（古代インド語）の『ダンマパダ』が語源です。「ダンマ（ダルマ）」は「法《ほう》（真理）」の意で「パダ」が「句《く》（言葉）」ですから、『法句経《ほっくきょう》』と漢訳《かんやく》されました。日本語では『ブッダ真理の言葉』となります。その中に登場する言葉です。

もしも愚者《ぐしゃ》がみずから愚《ぐ》であると考えれば、すなわち賢者《けんじゃ》である。愚者《ぐしゃ》であ

りながら、しかもみずから賢者《けんじゃ》だと思う者こそ、「愚者《ぐしゃ》」だと言われる。

（中村元《なかむらはじめ》『ブッダの真理のことば　感興のことば』より）

お粗末な内面を覆《おお》い隠《かく》しつつ、外見では立派に振舞《ふるま》って見せようとする点においては、人間は万人が一流の役者なのかもしれません。世間の評価や他人の視線を気にする窮屈《きゅうくつ》さを感じ、そろそろ演じることに疲《つか》れた人も多いはずです。自己の愚《おろ》かな内面と真正面から向き合えたならば、あなたは賢者《けんじゃ》であると釈尊《しゃくそん》は説いているのです。

愚禿《ぐとく》が心《しん》は、内《ない》は愚《ぐ》にして外《げ》は賢《けん》なり。

（親鸞聖人《しんらんしょうにん》『愚禿鈔《ぐとくしょう》』）

「愚禿《ぐとく》」とは、愚《おろ》かさを抱《かか》えて生きるありのままの自分自身の姿を正直に告白された言葉です。煩悩《ぼんのう》そのものの自己に苦悶《くもん》しながらも、自《みずか》らを偽《いつわ》らずに、葛藤《かっとう》の人生を静かな喜びの中に生き抜かれた親鸞聖人《しんらんしょうにん》は、本当は最勝《さいしょう》の賢者《けんじゃ》に他なりません。仏教って深いですね。

21

バリアフリーな心の持ち主こそ本当の金メダリスト

五月二十一日は「降誕会《ごうたんえ》」といい、親鸞聖人《しんらんしょうにん》のご生誕《せいたん》を祝う記念日です。一一七三（承安《じょうあん》三）年から一二六三（弘長《こうちょう》二）年までの九十年間を生き抜かれました。二〇二三（令和五）年には、ご誕生八五〇年の節目を迎えます。また、世間の事柄では、二〇〇四（平成十六）年五月二十一日に「裁判員の参加する刑事裁判に関する法律」が成立し、それから五年後の二〇〇九（平成二十一）年五月二十一日より、裁判員制度がスタートしました。

ともに深い罪と重い悪を背負い、阿弥陀如来《あみだにょらい》に救われるべき仲間であるがゆえに「われら」と親しみを込められ、人が人を裁《さば》くことを敬遠された親鸞聖人《しんらんしょうにん》の誕生日に、裁判員制度が始まったというのは皮肉なものです。

さて、来年に控えている東京オリンピックまで待ったなしですが、ここで問題です。前回のリオ五輪で、選手たちが獲得した金メダル数は何個だったでしょう？（※答えは次のページです。めくる前にじっくり考えて！）

正解は「総数三〇七個」です。「えっ？　そんなに多かったっけ？」と思われたとしたら、あなたが日本人選手の金メダル獲得数を想像されたからでしょう（ちなみに日本人選手の金メダル獲得数は十二個でした）。

私は金メダルの数を聞いただけで、日本人とは言っていません。同じ質問を他国の人にしてみても、やはり自国の金メダルを数えるでしょう。無意識に自分の国の選手の活躍が浮かんでしまうのが「アイデンティティ（帰属《きぞく》意識）」です。オリンピックが白熱するのは国別対抗戦なのが大きな要因です。自国の選手を同国民が一生懸命に応援するのは当然のように思えますが、これこそがアイデンティティの表れです。

リオが選手たちの活躍に熱狂する一方、日本国内では全国高等学校野球選手権大会が開催中で、こちらも球児たちが甲子園を舞台に、連日熱戦を繰り広げていました。高校野球は各都道府県の代表校が優勝をめざします。そうなると、やはり郷土愛から地元や在住地の代表校を応援したくなるのが人情です。

数年前の夏、仕事で北海道に滞在中、北海《ほっかい》高校（南北海道代表）と秀岳館《しゅうがくかん》高校（熊本県代表）が準決勝で激突しました。熊本から出向いている私です。誰に何を言われたのでもありませんが、何となく肩身の狭《せま》い居心地《いごこち》の悪さを感じました。ちなみに、プロ野球パ・リーグのクライマックスシリーズで、北海道日本ハムファイターズと福岡ソフトバンクホークスがリーグ優勝を懸《か》けて勝負していたときも札幌にいました。

知り合いに連れられてお寿司屋さんに入り、

「何かお嫌いなものは？」

と尋《たず》ねる大将に、

「特にありませんよ～」

と答えました。

「この人は、九州から来てるんだよ」

知り合いが私を紹介すると、

「じゃあ、嫌いなものはハムだね！」

包丁に負けない切れ味の鋭《するど》い大将の冗談が飛び出しました。「笑点」なら、座布団一枚の絶妙の一言に、

「ジョークも寿司もウマイ（旨い）！」

と大笑いしました。私自身、野球には少しの興味も関心もないのですが、九州人は誰もがホークスのファンで、北海道民はファイターズのファンであるかのような風潮が、社会には普通に流れているように感じます。地縁・血縁が希薄になったといわれますが、人間は身を置いている環境に執着する心を潜《せん》在的に持っています。目に見えない呪縛《じゅばく》のようです。

日本人として二人目の宇宙飛行士となった毛利衛《もうりまもる》氏の名言は、地球上にいる私

たちへ、宇宙という視点からの示唆《しさ》に富んだ言葉です。

宇宙からは、国境線は見えなかった。

地球上では、領土・領空・領海問題が深刻で、近隣諸国との間で緊張ムードが高まっています。それが原因となって、戦争に発展する危険性もあります。しかし、宇宙から見た地球には国境線など、どこにも存在しないのですから、国境とは人間が勝手に囲《かこ》った「バリア」みたいなものでしょう。国家・民族・宗教・文化を尊重し合って、平和で安全に共存できる「バリアフリー」な世界を実現できないものでしょうか?

宇宙飛行士の目に見えた地球がそうであったように……。

22

かえがえのないあなた
かけがえのないわたし

音楽は「ド・レ・ミ・ファ・ソ・ラ・シ」の七つの音階の組み合わせ（♯と♭もありますが）で、どれか一つ欠けても成立しません。言葉も同様で、英語は「A～Z」のアルファベット、日本語は「あ～ん」の五十音で構成され、一つでも欠けてしまうと会話や文章に支障をきたします。それぞれが他とは違う独自の個性を発揮し、役割を果たすことによって、全体の調和が保《たも》たれているのです。世間では、大勢の中で一人の人間の個性が埋没《まいぼつ》していくのを「社会の歯車」と皮肉って表現します。しかし、一つの歯車の存在が全体を動かす大切な役割を果たしている事実にも目を向けたいものです。

オートマチック（自動巻き）の腕時計は、数年に一度はオーバーホール（分解点検）が必要になります。あの小さな時計の中に、さらに細《こま》かい無数の部品が組み込まれているのには驚《おどろ》かされます。一つひとつの細かい部品や歯車が寸分の狂いもなく動き、かみ合うことによって、針は時間《とき》を刻《きざ》み続けることができるのです。

仏教の言葉に「唯一無二《ゆいいつむに》」とあります。「唯一《ゆいいつ》」は「ただ一つ」、「無二《むに》」は「二つとない」の意で類義語ですから、同じ言葉を繰り返して強調しているのです。それほどまでに「かけがえのない」という意味の言葉です。あなたは私の代わりにはなれませんし、私もあなたの代わりにはなれません。つまり、あなたにも私にも完全な代役など、どこにも存在しないということです。

あなたはあなたであることにおいて尊《とうと》い

この事実に向き合っていただく場所が「お寺」なのです。

現在、地球人口は七十五億人を超えたといわれます。すると、全員と顔を合わせるためには、一秒ずつでも七十五億秒以上の時間が必要です。これは、年に換算すると約二三八年間に相当する計算になります。同じ地球上に生まれても、たった一秒さえ顔を合わせることすらなかったかもしれない私たちです。なのに、親子・夫婦・兄弟・親友……、深く交わる関係に結ばれたのは、不思議としか言いようがありません。そう考えてみれば、どんな出会いにも意味を感じられませんか?

私の好きなＣＭのフレーズです。

命は大切だ　命を大切に
そんなこと
何千何万回言われるより
あなたが大切だ
誰かがそう言ってくれたら

（日本公共広告機構「ＡＣ」ＣＭ）

それだけで生きていける

理屈ではなく、大切にされている実感を得《え》ることができたとき、人間は自分にも相手にも慈《いつく》しみを持てるようになるのでしょう。
超訳《ちょうやく》すると、南無阿弥陀仏《なもあみだぶつ》の六文字は、

あなたこそが大切だ！

との仏さまの側からの叫《さけ》びなのです。そして、その叫《さけ》びは、果てしない過去から永劫《えいごう》の未来まで、いつも、あなたに向かっても、私に向かっても、絶え間なく発せられています。

息子（当時：小学二年生）に、感心したと同時に教えられたことがあります。バラエティーのクイズ番組での問題だったのですが、クレヨンの「肌色《はだいろ》」を、近年は「薄橙《うすだいだい》」や「ペールオレンジ」と呼ぶのです。家族で一緒にテレビを見ていて、正解できたのは平然と答えた息子だけでした。肌の色は人種によって異なります。私たち日本人は黄色人種とされますから、肌色という名称を違和感なく用《もち》いてきました。しかし、世界中の人種はさまざまです。黒人もいれば白人もいて、肌の色もバラバラです。相手を尊重する配慮からの呼称改変と思われます。

人間の不幸は比べ合いから始まります。自分を是とし、相手を非として排除しがちな私たちです。ケンカ・いじめ・差別・戦争……、これらの問題は違いを認められない心を根幹としています。違いを認め合える平和で安心な世界は、どんなに素晴らしいでしょう。

阿弥陀如来《あみだにょらい》は自他の隔《へだ》てがなく、万人を差別なく受け入れると誓われた仏さまです。人間の理想の究極であり、目標とすべき姿です。そのようにありたいとあこがれつつも、遠く及《およ》ばない自身を恥《は》じながら、ただ阿弥陀如来《あみだにょらい》を羨望《せんぼう》するばかりです。

子どもたちには、ペールオレンジ（薄橙《うすだいだい》）のクレヨンで、誰も排除される者のない世界の未来を描いてほしいと心から願います。

毎月二十二日は「夫婦の日」「ショートケーキ」の日でもあります。

23

人生はグー✊で始まり
パー✋で終わる

昨年の八月末に父方の祖母が往生の素懐《そかい》を遂《と》げました。大正十五年生まれの満九十二歳でした。お手本にしたいような最期《さいご》でした。数々の思い出や逸話は残してくれましたが、お金だけは見事に残さなかったからです。親族一同で通帳の預金残高を見て苦笑したそうです。ですが、そのおかげでしょう。財産分与や遺産相続が問題になることは一切ありませんでした。それもそのはず、お金が最初からないのですから、トラブルになりようもないのです。

以前、某信託銀行が主催するセミナーでの講演を依頼された経験があります。終活《しゅうかつ》ブームも追い風となって、遺言書を作成するシルバー世代が増えているのです。しかし、裏を返せば、それだけ財産分与や遺産相続に関するトラブルが多いのも事実です。私の講演だけでなく、担当の銀行マンからの事務説明に対しても、メモを取りながら熱心に聞き入る参加者の姿勢に、残された者たちが余計な争いを起こさないようにと苦心されている様子が伝わってきました。争いを心配するだけの財産があるがゆえの苦悩でしょう。

旅慣れている人は荷物が少ない

私もその一人であると自負しています。二〜三週間の長旅でも、一〜二泊用の小さなカバンで十分です。実際に、旅先で

「カバンの中身を見せてください！」

と、お願いされた経験があります。あまりの手荷物の小ささに驚かれたのでしょう。ですが、旅慣れていない頃は大変でした。荷物の多さは不安の大きさに比例しているのです。

「あれも必要かもしれない……」

「これがなかったら不便かも……」

との思いから、ついつい荷物が増えがちでした。すると、どうしても大きめのカバンを選ぶことになります。実際に荷造りをしてみると、カバンが大きい分、まだスペースにゆとりがありますから、さらに余計な物まで詰《つ》め込んでしまう悪循環に陥《おちい》るのです。出発の際には、カバンに若干の余裕を持たせる方が望ましいでしょう。

また、旅先であっても、その時点で不用になってしまった物は手放すことを自分なりのルールにしています。愛着のある物との別れは、後ろ髪を引かれる思いもありますが、いざ手放してみると、自然と清々《すがすが》しい気分になるものです。

「断捨離《だんしゃり》」と呼ばれている考え方を紹介しましょう。ヨガの行法《ぎょうほう》を基本にして、それを日常生活に応用した考え方です。

「断行《だんぎょう》」…増えないようにする。

「捨行《しゃぎょう》」…捨てる。手放す。

「離行《りぎょう》」…執着を離れる。

仏教にも通じる実践行《じっせんぎょう》です。人間は欲しいものを手に入れることに喜びを感じますが、手に入れた瞬間が幸せの絶頂で、そこから手放したくないという苦悩に悶《もん》絶《ぜつ》するのです。お金・人間関係・仕事・健康……、人間の悩みの多くは、「求めても得《え》られない」か「得《え》たものを失いたくない」かのどちらかです。人間が死を恐《おそ》れる理由もここにあります。

「死んだらおしまい」

と考える者にとって、死はすべての終焉《しゅうえん》であり、これまで手に入れたもの全部を例外なく奪《うば》い去るからです。

人生をジャンケンに例えると、

グー✊で始まりパー✋で終わる

と言えます。赤ちゃんは拳《こぶし》を握《にぎ》りしめて誕生します。ちなみに、赤ちゃんの握力はとても強いそうです。一度しっかり握《にぎ》ったら、二度と手放したくないのは、生まれついての人間の性分《しょうぶん》なのでしょう。

それから成長するにつれ、

「自分の……」

と呼べるものを増やすことに喜びを感じるようになります。しかし、いざ死ぬ段になれば、何一つ持っては死ねません。財産・地位・名誉・家族・友人・健康・仕事・趣味……、大切に思ってきたもの全部を置き去りにしなければならないのですから。多くに囲《かこ》まれ、多くに満たされ、多くを抱《かか》えてきた者ほど、その喪失感と虚無感は計《はか》りしれないはずです。

仏教の「布施《ふせ》」とは、仏道の入口にある修行です。布施行《ふせぎょう》は執着を離れる練習なのです。別の言葉で「喜捨《きしゃ》」ともいいます。手放すことを喜べないのは、自我への執着心である「我執《がしゅう》」が根底にあるからです。これまで握《にぎ》りしめてきたものを思いきって手放してみると、不思議と心が楽になります。捨てることによって、代えがたいものを得《え》ることもあるのです。

「胃酸過多」は、胃炎や胃潰瘍《かいよう》を引き起こす原因となりますので、用心すべきですが、「遺産過多」も、余計な争いを招《まね》く原因となりやすいので、特別な注意が必要です。骨肉の争いの原因を残すぐらいなら、いっそのこと何も残さないのも賢明な選択肢《せんたくし》かもしれません。

欲の少ない人は苦労も少ない
欲の多い人ほど苦労も多い

この言葉に尽《つ》きると思います。いずれにしても、一つだけ確かなことがあります。それは、何一つ持っては死ねないという最期《さいご》です。

24

穏やかな笑顔と
優しくて温かい言葉

「挨拶《あいさつ》」に始まるのが人間の基本ですが、この「挨拶《あいさつ》」も実は仏教語の一つなのです。「挨」＝「押す」／「拶」＝「せまる」の意で、禅宗では師匠と弟子とが互いに交《か》わす問答《もんどう》を「一挨一拶《いちあいいっさつ》」といい、それが省略されて「挨拶《あいさつ》」になったと考えられています。転じて、一方的ではなく双方向が言葉を通じてコミュニケーションをはかる意味で使われるようになりました。

仏さまの世界は「仏仏相念《ぶつぶつそうねん》」と表現され、挨拶《あいさつ》が必要ありません。お互いの意思疎通が完璧ですから、言葉でのコミュニケーションが不要なのです。しかし、人間の世界には言葉が欠かせません。「以心伝心」が理想なのでしょうが、なかなかそうはいかないのが現実です。言葉を使わなければ、自分の気持ちを伝えられませんし、相手の思いを知ることもできないのが私たちの世界です。

ところで、

「今日も暑いですね～」

「今朝も寒くなりましたね〜」

挨拶《あいさつ》となれば日常的に出てくる便利なフレーズです。相手を選びませんから無難ですし、地方によって方言は違えども、日本全国で使われている挨拶《あいさつ》の定型句です。


そのように声をかけられた場合、私は必ず、

「そうですね!」

と肯定的に返すようにしています。

「そうですか? 昨日ほどじゃありませんよ!」

などと返事をしてしまっては、せっかくの挨拶《あいさつ》も台無しになると思うからです。

ベストセラーにもなった俵万智《たわらまち》さん(歌人)の『サラダ記念日』に、

「寒いね」と話しかければ

「寒いね」と答える人のいるあたたかさ

とあります。こちらの挨拶《あいさつ》に相手が同調してくれたとしても、気温そのものは少しも変化しませんが、なぜか温もりが感じられるのは、心が通じたという実感が湧《わ》くからです。

「寒いのは当たり前ですよ。だって冬だもん！」

返ってきたのが、そんな言葉だったとしたら、理屈はそのとおりですが、残念ながら、そこに心温まる世界は生まれないと思います。挨拶《あいさつ》は相手との間合いを詰《つ》めて、心身を寄せてみる第一歩でもあるのです。

何気ない一言に心が温められた経験もあれば、心ない一言に深く傷つけられた経験もお持ちではないでしょうか？

相手を幸せにしたり、誰かを苦しみから救ったりできる無限の力を秘めているのが言葉ですが、逆に命を奪《うば》うほどに残酷な殺傷能力を持ち合わせているのも事実です。言葉には細心の注意を払わなければなりません。

『仏説無量寿経《ぶっせつむりょうじゅきょう》（上巻）』に「和顔愛語《わげんあいご》」と説かれています。本願寺《ほんがんじ》第二十五代専如《せんにょ》ご門主《もんしゅ》は、ご親教《しんきょう》『念仏者の生き方』の中で「穏《おだ》やかな顔と優《やさ》しい言葉」と教えられています。周囲からの冷ややかな視線は身に突き刺さるような痛みを感じますし、同様に冷たい言葉は心を凍《こお》りつかせます。相手の傷を癒《いや》すような穏《おだ》やかな顔と、心を温められる優《やさ》しい言葉は、代えがたい慈《いつく》しみの処方箋《せん》です。

ちなみに、地獄は言葉の通じない世界です。ですから、誰とも心が通わないがために苦しまねばならないのです。

近年、日本も核家族化が進み、親子別所帯で暮らされているご家庭が多くなりました。別居であっても、近所ならば頻繁《ひんぱん》に会えますが、他府県や海外など遠方ともなれば、顔を合わせる機会も少なくなってしまうでしょう。便利な世の中ですから、携帯電話（スマホ）でのメールや画像のやりとりが、離れて住んでいる寂《さび》しさを解消する手段にもなっているようです。

息子さん世帯のお正月の里帰りを楽しみに待っているお宅がありました。ところが、暮れになっても何の連絡もありません。心配したお姑さんは電話をしてみようと思い立ちます。しかし、仕事や家事の邪魔になっては悪いと配慮し、お嫁さんにメールを送ることにしました。

「お正月には帰るんでしょうね？」

「帰りは何日頃になる予定なの？」

あれこれ言葉を巡らせましたが、あまり直接的でぶしつけな文章にならないようにと、お姑さんなりに気をつかって言葉を選び、

「久しぶりに孫の顔を見るのが楽しみだわ〜」

と送信しました。

しばらく経《た》って、お嫁さんから返事が返ってきました。ワクワクしながらメールを開くと、そこにはお孫さんの顔写真だけが添付してありました。お正月に会いたいという思いを託《たく》して、

「顔を見るのが楽しみ」

と送ったのですから、写真だけ送られても仕方がありません。

「孫の元気な姿が見たいんだけど……」

気を取り直して、二通目を送ってみました。すると、しばらく経《た》って、また返事が届きました。急いで開いてみると、今度はお孫さんが元気に走り回っている姿を撮影した動画が添付してあるだけでした。

「元気な姿が見たい」

とは伝えましたが、動画だけ送られても本意ではありません。

意味が理解できていないのか、それとも適当にあしらわれているのか、お嫁さんの態度にだんだんと腹が立ってきたお姑さんですが、ここは冷静にと、考えに考え抜いて名案を思いつきました。

そして、三通目に

「かわいい孫に、お年玉をいっぱいあげたいのよ～」

と打ちました。お年玉で孫だけではなく親も釣《つ》ろうと考えた、なかなかしたたかな作戦です。満を持《じ》して送信し、返信を心待ちにしていると、間もなくメールの着信音が鳴りました。はやる気持ちを抑《おさ》えながら開いてみるのですが、画面を見てお姑さんは絶句します。

「お義母《かあ》さま、お年玉はこちらへ振込みをお願いしますね❤」

の言葉に続いて、銀行の口座番号が記してあったそうです。世知辛《せちがら》い世の中ですね。

ただ言葉の表面を解釈するのではなく、裏側に込められた思いにも気づける人間でありたいものです。

二〇一七（平成二十九）年の『新語・流行語大賞』に選ばれた言葉は「忖度《そんたく》」でした。この言葉が登場する背景となった一連の問題は別として、言葉自体は決して悪い意味ではありません。忖度《そんたく》とは「忖」も「度」も「はかる」の意であり、相手の心を「思いやる」「察する」「配慮する」という意味が込められています。『仏説無量寿経《ぶっせつむりょうじゅきょう》（上巻）』には、微笑《ほほえ》みと優《やさ》しい言葉で他者を慈《いつく》しむ「和顔愛語《わげんあいご》」に続いて、「先意承問《せんいじょうもん》」と説かれています。「相手の心を察して、的確に求めに応じる」という意味です。実践《じっせん》は困難を極《きわ》めますが、心に刻《きざ》んでおきたい言葉です。

わが家では　温かいのは　便座だけ

この川柳には笑ってしまいましたが、温もりを感じるものにこそ、私たちは安心して身も心も委《ゆだ》ねることができるのでしょう。与えられるのを待つより、与えることから始めてみるのも、喜びへの近道かもしれませんよ。とにかく、挨拶《あいさつ》のない毎日は、地獄の入口かもしれませんね。

25

心の天気予報があったら降水確率0%の日が人生で何日あるだろう?

新元号《げんごう》「令和《れいわ》」の典拠《てんきょ》となった『万葉集《まんようしゅう》』の序文が、大宰府《だざいふ》で催《もよお》された「梅花《うめのはな》の宴《うたげ》」を記していることから人気が高まっている福岡の太宰府天満宮《だざいふてんまんぐう》は、学問の神として崇《あが》められる菅原道真《すがわらのみちざね》を祀《まつ》っています。「天満《てんまん》」が道真《みちざね》の神号《しんごう》（神としての名前）なのですが、「天神《てんじん》」とも称されます。道真《みちざね》が大宰府《だざいふ》で没した後、京都では天変地異が頻発《ひんぱつ》しました。当時の人々は、これを不本意ながら大宰府《だざいふ》へと左《さ》遷《せん》された道真《みちざね》の怨念による祟《たた》りと恐《おそ》れ、その畏怖《いふ》心から天変地異を支配する神として崇《あが》めるようになりました。現在では学問の神としての知名度が高く、受験生の合格祈願で有名です。誕生日・大宰府左遷《だざいふさせん》・命日がいずれも「二十五日」であったことが知られています。

私も一度だけ、太宰府天満宮《だざいふてんまんぐう》を訪れたことがあります。誤解のないように、参拝が目的ではありません。天満宮《てんまんぐう》近くの寺院の法座《ほうざ》に招《まね》かれ、散歩ついでに立ち寄ったのです。ちょうど春彼岸の頃でした。境内は多くの参詣《さんけい》者でにぎわっていたのですが、ふと疑問が浮かんだのです。

太宰府《だざいふ》天満宮《てんまんぐう》は、一般的に学業成就《じょうじゅ》の神さまとしての需要が高いのですから、大半の参詣《さんけい》者は合格祈願が目的のはずです。しかし、春彼岸という時期を考えてみると、受験どころか合格発表も済んでいる頃ではありませんか？

「いま頃からお願いしても手遅れでは？」

と思いつつ、

「こんな時期なのに人が多いんですね〜？」

売店の店員さんに話しかけましたら、

「そうですよ。お礼参りのシーズンですから！」

と返事が返ってきました。お宮や神社には祈願だけでなく、「お礼参り」の参詣《さんけい》も多いのです。放っておいても二度お参りに来てくれるのですから、うらやましい限りです。そう聞いて周囲を見渡してみると、参詣《さんけい》者が律儀《りちぎ》な人たちに感じら

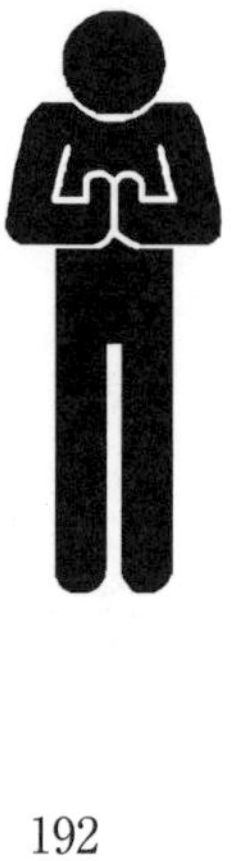

れました。お願いするだけでなく、お礼参りまでするのですから。

ですが、わざわざお礼参りにやってきた人々は、きっと願いどおりに合格できたのでしょう。もしも、不本意な結果に終わっていたとしたら、果たして同じようにお礼参りができたでしょうか？　望みが叶《かな》わなかったとしても、

「残念ながら、私の努力不足で不合格でした。でも、落ちて納得です。おかげさまで、少しは他人の痛みがわかる人間になれたかと思います。ようこそ不合格という結果を与えてくださいました」

との気持ちで、お礼参りができれば素晴らしいことです。しかし、実際には、願いが叶《かな》えば

「ご利益《りやく》があった！」

と喜んで感謝し、逆に望みどおりにならないと、

「神も仏もあるものか！」

たちまちに愚痴《ぐち》をこぼすことになるものです。これでは願いを叶《かな》えさせるための道具のように神仏を利用しているようにしか思えません。

陰暦では、十月を「神無月《かんなづき》」と表現します。中世の俗説では、毎年十月に全国の神々が、島根県の出雲大社《いずもたいしゃ》に集まり、諸国に神さまがいなくなることから「神無月《かんなづき》」と呼ばれるようになったとされます。ですから、神々が集まる島根県では、反対に「神在月《かみありづき》（神有月）」と称されます。年に一度の日本の神さまの総会みたいなものでしょう。夫婦の組み合わせなどが総会の議題になるようで、出雲大社《いずもたいしゃ》は縁結びの神さまとしても有名です。巨大なしめなわが神楽殿《かぐらでん》を飾《かざ》っているのが特徴的です。しめなわはヘビの交尾を擬《ぎ》したものという説もあります。そう思って見てみれば、確かにそのような姿にも見えてきます。

さて、宗教にさまざまなご利益《りやく》を求める人は多いでしょう。無病息災・家内安全・商売繁盛・学業成就《じょうじゅ》……、ご利益《りやく》という名の見返りを期待して神仏に手を合わせる人が大半ですが、宗教は大きく二つのタイプに分けることができます。

一つは「請求書」型の宗教です。自分の願望（欲望）を神仏に聞き届けてもらい、それが叶《かな》って思いが満たされるのをご利益《りやく》と考える宗教です。寺社をハシゴして、できるだけ多くの神仏を拝《おが》むことで、ご利益《りやく》の保険をかける人もいます。

もう一つは、「領収書」型の宗教です。求める心を遠ざけて、すでに無条件に願われて、多くを与えられていた事実に目覚《めざ》める教えです。

人生は苦なり

人生には最初から最後まで、自分の思いのままになるものなど何一つないのですが、それを何とか思いどおりにしようと画策し、右往左往するところに苦悩が生まれるのです。目的を達成するためにあれこれ手立てを尽《つ》くすことは大切です

が、まずは出発点を確認することが必要です。どんなに緻密《ちみつ》な地図も、まず出発点（現在地）を見つけなければ、目的地に至《いた》るための正しい順路が探《さが》せません。最初から思いどおりにならない人生だったと気づかされたとき、歓迎できる事柄も招《まね》かれざる事柄も、すべてを引き受けた上で、

「おかげさまです」

「ありがとうございます」

と生き抜く、静かにも力強い態度が恵まれます。人間の願望は、そのままが自身の欲望なのです。願望（欲望）のあやつり人形のような自分から解放されていくところにこそ、本物のご利益《りやく》（救い）はあるのです。

心の天気予報があったとしたら、降水確率０％の日が、生涯で何日ぐらいあるのでしょう？　願うことばかりに終始してきた私が、すでに願われた存在であったと気づかされたならば、湿《しめ》りがちな心は安心と温もりに包まれます。憂鬱《ゆううつ》な雨

雲の隙間《すきま》から一筋の陽光が差し込むかのように。そうなれば、神頼《だの》みからの卒業も間近でしょう。

26

「母」とは帰る場所「ふるさと」である

毎月二十六日は語呂合わせで「風呂の日」とされますが、「〇」と「九」を加えれば、「〇二九六」で「おふくろ」とも読めます。

「母の日」の発祥地はアメリカで、ウェストバージニア州から全土に広まりました。一九一四年に正式制定されましたが、その背景にはアンナ・ジャービスという一人の女性の存在があったといわれています。アンナの母親アンは、南北戦争時に負傷兵の衛生環境改善に尽力した人物で、自軍の兵士のみならず、敵兵のケアにも献身的でした。そのような母を尊敬してやまない娘アンナは、亡き母を偲《しの》んで追悼の会を催《もよお》し、アンが大好きだった白いカーネーションを捧《ささ》げました。これが、母の日にカーネーションを贈るようになった理由と考えられています。

この世で偉大と思える何かを一つ挙《あ》げるならば、私は迷わず「母親」という存在を推《お》します。自分の母に限定してではなく、「母親そのもの」という意味においてです。

わが家での出来事です。息子（当時：小四）なりに、母の日にプレゼントをしたいと考えたのでしょう。

「お母さんは何が欲しい？」

と尋《たず》ねてみると、

「時間！」

と即答されたそうです。起床から就寝までの大半を家族のために費《つい》やす生活ですから納得の答えです。しかし、妻の貴重な時間を最も奪《うば》っている張本人の息子が、その答えを引き出したとは皮肉なもので、まさにヤブヘビとはこのことです。

自分のことは後回しで、子ども二人（現在：中一・小五）の育児に奮闘している妻の姿には頭の下がる毎日です。わが家では、娘も息子も学校から帰っての第一声は、いつも決まって、

「ねえ、お母さんは～？」

です。厳しく叱《しか》られても、深い愛情と温かい母性が、子どもたちに母を慕《した》い求める気持ちを根づかせているのでしょう。

胎内に生命を宿し、命がけで誕生させ、優《やさ》しくも厳しく育《はぐく》み、いつまでも変わらぬ深い愛情と温かい母性で包み込み、親であり続けようとする人を「母」というのです。母国・母船・母校・母港・母屋・母音……、どういうわけか熟語に「父」はなかなか登場しませんが、「母」は数多く使われています。存在感の違いでしょうか？　これらの熟語は共通して「帰る場所」を意味しています。

沖縄県では、曲線的で丸みを帯《お》びた楕《だ》円形のお墓を多く見かけます。この特徴的なお墓は「亀甲墓《かめこうばか》」といい、母親の胎内（子宮）をイメージしてデザインされているという説もあります。人間は死んだら母親の胎内に戻るという沖縄の人々の古くからの考えに合致します。

「至急帰れ！」

と送るべきメールを変換ミスで、

「子宮帰れ！」

と誤字送信した笑い話もありますが、母とは包容力の象徴であり、帰るべき〝ふるさと〟なのです。

十億の人に　十億の母あらむも

わが母にまさる　母ありなむや

明治時代の有名な宗教家である暁烏《あけがらす》敏《はや》氏が詠《よ》まれた歌です。

すべての人には、それぞれに母と呼べる人がいるが、自分の母より偉大で尊《とうと》い存在は他にない。

と味わえます。虐待やネグレクト（育児放棄）の問題もあり、難しい世の中ですが、改めて母性を問われているように感じます。

仕事で家族と離れる機会の多い私です。出かける間際に、

「はい、行ってらっしゃい」

と夫をさりげなく送り出してくれる妻も素敵ですが、

「くれぐれも気をつけてね」

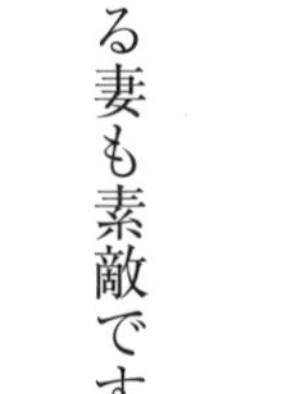

母は、いつもこの言葉を欠きません。この歳になった息子にも心配は尽《つ》きないようです。これも母性ゆえでしょう。

名奉行《ぶぎょう》として有名な大岡越前《おおおかえちぜん》には、いくつもの名裁《さば》きがありますが、その一つが「子争い」です。本当の母親を名のる二人の母親に子どもの手を両方から引っ張り合わせて、勝った方を本物の母親と認めるという裁《さば》きです。両方の母親は合図と同時に力づくで子どもの手を左右から必死に引き合い始めます。

「痛いよ〜」

「助けてよ〜」

幼い子どもは泣き叫《さけ》びます。その様子に耐《た》えられなくなった片方の母親は、思わず手を離してしまいました。

「勝った！勝った！」

喜ぶもう一方の母親に対して、

「お前は偽者《にせもの》だ！」

越前《えちぜん》は厳しい口調で告《つ》げるのです。本当の母親ならば、わが子が目の前で泣いて苦しんでいるのに、平気でいられるはずがありません。耐《た》えられずに思わず手を離してしまった母親こそが本物であると越前《えちぜん》は確信したのです。現代科学でDNA鑑定をすれば、もしかしたら越前《えちぜん》が本物とした母子の間に血縁関係は認められなかったかもしれません。しかし、ただの血縁ではなく、子の痛みを感じられる

親こそが、本当の母であると越前《えちぜん》は言いたかったのでしょう。

子を思うあまり、自己中心性が強くなってしまうのも「母なればこそ」かもしれません。しかし、利己的で排他的な愛情は、仏教の説く慈悲《じひ》とは明らかに異なります。人間の母性は美しくもあり、危《あや》うくもあるのです。価値観の多様性を盾《たて》に、わがままを正当化し、自己主張が美徳とされる昨今ですが、釈尊《しゃくそん》の弟子である目連尊者《もくれんそんじゃ》の母親は、息子への溺愛《できあい》が過ぎた報いで、求めても得《え》られない世界（餓鬼道《がきどう》）で苦しみました。

どこまでも自己中心的な世界を抜けられないのが愛情であり、狭小《きょうしょう》な自我の殻《から》を破って、他者へ向かうのが「慈悲《じひ》」の心なのです。

「慈《じ》」＝苦しみを抜いてあげたい（抜苦《ばっく》）
「悲《ひ》」＝安《やす》らぎを与えたい（与楽《よらく》）

もちろん、私たちにもそのような気持ちが少しもないわけではありません。しかし、人間の慈悲心《じひ》は愛情の延長線上です。相手によって度合いが変わりますし、一過性で長続きしません。それに何より、間違った与え方をしてしまいます。子どものためを思ってした行為が、結果的に逆効果になった経験はないでしょうか？　それに対して、仏さまの慈悲心《じひ》は万人に対して平等であり、永遠であり、絶対の安心へと導くことから「大慈悲心《だいじひ》」と尊《とうと》ばれます。宇宙レベルでの無限の母性です。

27

人間は二度死ぬ
この世を去るとき
思い出が消えるとき

意外と知られていませんが、毎月二十七日は「お仏壇の日」です。全日本宗教用具協同組合が記念日として制定しました。六八五（天武《てんむ》十四）年三月二十七日、天武《てんむ》天皇が「諸國《しょこく》の家毎《いえごと》に仏舎《ほとけのおおとの》を作り、即《すなわ》ち佛像《ぶつぞう》と経《きょう》とを置きて礼拝供養《らいはいくよう》せよ」との詔《みことのり》（命令）を出したとする記述が、『日本書紀《にほんしょき》』にあることに由来しているようです。

安っぽい表現になりますが、お仏壇は「浄土《じょうど》」のジオラマです。ジオラマとは、実際にある風景や建造物をサイズ縮小して立体化したものです。どれだけ緻密《ちみつ》で精巧《せいこう》に造り上げたとしても実物ではありませんが、忠実に再現されたジオラマからは、本物さながらの雰囲気が漂《ただよ》います。浄土《じょうど》という仏世界は、人間の感覚や能力では、見ることも感じることも言葉に表現することも及《およ》ばない世界です。その世界を何とか私たちにも感じることができるようにと、お経《きょう》には言葉を尽《つ》くして浄土《じょうど》が見事に描写《びょうしゃ》させています。しかし、小説と映画の違いのようなもので、言葉だけでは人それぞれに違ったイメージを浮かべてしまいます。本来は表現不可能な浄土《じょうど》という世界を、言葉から映像化し、さらに映像から立体的に表現したものが寺院の本堂です。そのミニチュアがお仏壇なのです。

どんなに豪邸でも、お仏壇のない家はただの家でしかありません。生活するための極めて日常的な空間です。しかし、お仏壇を安置することで、日常の中に非日常的な空間が生まれるのです。お仏壇は家の中に、お寺を再現したようなものなのです。普段の生活では手を合わせる機会も少ないでしょうが、お寺に参れば自然と手が合わさります。これが非日常的空間の重要性です。同じ空間を家庭の中でも共有できるのです。核家族化の影響で、お仏壇のない家も多くなりましたが、家庭に手を合わせる場所があるのとないのとでは、人間性の根幹が違ってきます。

以前、若い女性から「水子供養《みずこくよう》」の相談を受けたことがあります。「水子」は本来「すいじ」と読み、死産や乳児の頃に命終《みょうじゅう》した幼子に対して与えられた位号《いごう》（戒名《かいみょう》の一部）でした。その対象には、死亡した胎児だけではなく、乳児期・幼児期に死亡した子どもが含《ふく》まれていました。

戦後のわが国で、人工妊娠中絶が爆発的に増加したこともあり、一九七〇年代頃から、中絶によって生まれてくることのなかった胎児の御霊を弔《とむら》う水子供養《みずこくよう》の習慣が広まったのです。その背景には、経営が苦しくなった寺院が墓石業者と手を組んで、大々的に宣伝し始めたことが大きく影響しているともいわれています。

そのような事情から、後になって登場した現代的・世俗的習慣であり、本来の仏教からは逸脱した行為です。それに便乗して、「祟《たた》り」や「障《さわ》り（霊障《れいしょう》）」を持ち出して不安や恐怖心をあおり、高価な物品の販売や寄付・献金を催促《さいそく》する「霊感商法」などの悪質な例も問題化することになりました。そのような被害によって、二重苦・三重苦を強《し》いられた人も少なくありません。何もしてあげられずに、わが子を失った親の心情を逆手にとって利用した悪徳な商売を横行させてはなりません。

「誕生死《たんじょうし》」という言葉があります。流産・死産・新生児死であっても、この世に誕生した事実は確かです。誕生の証《あかし》を立てたいという親の気持ちを背景としてできた造語です。生命が宿《やど》ってから死を迎えるまでの時間が、ほんのわずかであったとしても、わが子が「生きた証《あかし》」を少しでも感じたいという親の切《せつ》なさが伝わってきます。

人間は二度死ぬ

といわれます。最初の死は、生命の終わりを迎えたときです。そして、二度目の死は、自分を知る人の心の中から、その思い出が消えてなくなったときです。親

であれば、わが子を二度も死なせたくないと思うはずです。人間は誰しも、

「いつまでも忘れないでほしい」

という思いを抱《いだ》いています。確かに、水子供養《みずこくよう》は親の気持ちに一つの区切りを与えるのかもしれません。しかし、それだけですべてを済ませてしまうのであれば、その子を二度死なせるのと同じではないでしょうか？

幼子の「誕生死《たんじょうし》」を通して、私たちは大切な事実に目覚《めざ》めさせられます。この世に生まれるのは、とても難しいことであり、いつ死を迎えても不思議ではない私たちが、この瞬間を生きていることは、決して当たり前ではないということです。わが身の事実に感動できているでしょうか？　生まれたことが当たり前、生きていることが当然と思い込んではいないでしょうか？

「いのち」の意味に目覚《めざ》めさせるはたらきを「仏さま」といいます。ならば、その幼子はあなたにとっての尊《とうと》い仏さまではないでしょうか？　水子供養《みずこくよう》に頼《たよ》ら

なくても、あなたのお子さんは仏さまとなって、ちゃんとあなたを導いてくれているのです。

悲しい別れを経験した者同士が、死と悲しみを超えて再会を果たせる世界が「浄土《じょうど》」です。この世では会うことが叶《かな》わなかったわが子と浄土《じょうど》で再会を果たしたときに、きちんと顔向けができるような人生を歩むことが、子に先立たれた親に与えられた道ではないでしょうか？

手の合わさる人生を歩んで、誕生死《たんじょうし》の仏さまに報《むく》いる道があります。それは、あなた自身が浄土《じょうど》に生まれる身に育てられる開かれた道です。

その道を浄土真宗《じょうどしんしゅう》といいます。

28

帰る場所も待つ人もなく
一緒に歩む友もいない
――これを地獄という――

「一人」

冬は寒い
家に帰りヒーターをつける
それでも寒い
チンしてごはんを食べる
それでも寒い
一人家で過ごし一人塾へ向かう
一人は寒い

新聞に掲載されていた詩です。作者は中学一年生の男の子です。現代を象徴しているような秀逸《しゅういつ》な作品に深く考えさせられました。

最近は、住宅の断熱効果も高くなり、家電製品の性能も上がりました。寒い冬

に外から帰宅して暖房器具のスイッチを入れれば、短時間で部屋は暖かくなります。レンジで温めたごはんを食べれば、冷えた身体も内側から温《ぬく》もるでしょう。でも、なぜ作者はこの詩を「**寒い**」と締《し》めくくっているのでしょう？　それは、部屋でも身体でもなく、「**心が寒い**」という叫《さけ》びのように私には聞こえます。

現代は、

ハウスはあってもホームのない時代

と危惧《きぐ》されています。「ハウス（house）」も「ホーム（home）」も、どちらも「家」を表す英単語ですが、双方は意味合いが微妙に違います。「ハウス（house）」が住宅や家屋という物理的な建物を指すのに対して、「ホーム（home）」は家庭や居場所といった意味を持ちます。野球やサッカーでも、相手チームのスタジアム

を「アウェー（away）」と称するのに対して、本拠地は「ホーム（home）」と表現されます。選手たちは、敵地アウェーの試合では一層の緊張感を抱《いだ》き、逆に地元ファンの多いホームゲームにはリラックスして臨《のぞ》めるといいます。やはり、ホームグラウンドが安心できる空間だからでしょう。

以前と比べてみると、近頃ではあちこちに住宅展示場やモデルルームがオープンし、日本中に立派な家屋やマンションは多く建ち並ぶようになりました。しかし、果たしてその一戸一戸の住居の中に、ちゃんと家庭の和（輪）があり、家族が安心して過ごせる居場所になっているでしょうか？　家族でひとつ屋根の下に暮らしていても、家庭という安《やす》らぎの和（輪）がなければ、人間は孤独を感じるものです。これぞ、まさにリアルな「ホームアローン」状態です。温もりに満ちた空間であってこそ、正真正銘《しょうしんしょうめい》のホームなのです。

冒頭の詩の最後の一行「一**人は寒い**」は、

家族はいても家庭がない

現代病とも言える孤独感や寂しさを表現しているように味わえます。

小学一年生は、保育園・幼稚園時代とは比べものにならないほど、肉体的にも精神的にも疲《つか》れ果てて学校から家へと帰ってきます。思い返してみれば、幼き日の私もそうでした。ヘトヘトになってわが家へたどり着いたときに家族に笑顔で、

「おかえり〜」

と優《やさ》しく温かく迎えられて、心の底からホッと安心できた記憶がよみがえります。何の心配もなく帰ることのできる場所があり、ちゃんと私の帰りを待っていてくれる存在があるからこそ、人間は力の限りを尽《つ》くして生きられるのではないでしょうか？

我、今、帰するところ無く、孤独にして同伴無し。

（源信僧都《げんしんそうず》『往生要集《おうじょうようしゅう》』）

帰る場所も待つ人もなく、一緒に歩んでくれる友もいない孤独こそが地獄という苦の極《きわ》みです。

地獄とは、死後の世界に限定されません。ひとつ屋根の下に何人もの家族で住んでいても、心が通《かよ》っていなければ、人間は孤独なのです。それは地獄に身を置いているようなものでしょう。反対に、ひとり暮らしでも、地域や友達とつながりを感じられる人は孤独ではありません。

この私に、どこまでも一緒の同伴者がある限り、人生には孤独も地獄もないのです。

孤独は山になく、街にある。
一人の人間にあるのでなく、
大勢の人間の「間」にあるのである。

三《み》木《き》清《きよし》氏（哲学者）の言葉が深く響きます。

29

成仏とは一〇〇点満点の人間になることです

毎月二十九日は「肉《にく》の日」です。僧侶の身でありながらの肉食妻帯《にくじきさいたい》は、現在では宗派を問わず、珍しいことではありませんが、その先駆者は親鸞聖人《しんらんしょうにん》です。それがタブーとされた時代に、あえて親鸞聖人《しんらんしょうにん》は公然と肉食妻帯《にくじきさいたい》を貫《つらぬ》かれて、民衆と同じ生活を営みながら、阿弥陀如来《あみだにょらい》の平等の救いを広められたのです。当時としては革命的な断行でした。

「浄土真宗《じょうどしんしゅう》には修行がないと聞きました。厳しい修行をした他宗のお坊さんの方が偉《えら》くて立派なのではありませんか？」

このような内容の質問を浴《あ》びせられることは多いものです。浄土真宗《じょうどしんしゅう》には修行という概念がありませんので、コンプレックス（複雑な思い）を抱《いだ》いている人もいるはずです。

浄土真宗《じょうどしんしゅう》の宗祖《しゅうそ》である親鸞聖人《しんらんしょうにん》も、九歳から二十九歳まで、青春時代の二十年間を比叡山での厳しい修行に費《つい》やされました。しかし、どのような修行も自分自身の人生の意味を明《あき》らかにする答えにはならず、絶望にも似た心境で修行を断念された過去があります。ここに、浄土真宗《じょうどしんしゅう》の原点を見ることができます。そもそも修行は何のためにするのでしょうか？　仏教の究極の目的は「成仏」にあります。世間一般では「死ぬ」＝「成仏」と単純に考えられているようですが、そう簡単な話ではありません。

成仏とは「**一〇〇点満点の人間になる**」ことです。

つまり、完全無欠で非の打ちどころのない完璧な人間に完成するのが本来の仏道です。煩悩《ぼんのう》のかけらもなく、一点の曇《くも》りもない澄《す》みきった心を持ち、自己中心的な思いは消え失せ、他者の幸福を自《みずか》らの喜びとし、他者の苦しみをわが身に同じくできる人間になるのです。その実現のために過酷な修行に励《はげ》まれた親鸞《しんらん》

聖人《しょうにん》でしたが、完璧な人間に近づくどころか、反対に遠ざかっていく自分の姿しか見えてきませんでした。結局は修行を途中で断念されるのですが、後に生涯の師匠と仰《あお》がれた法然《ほうねん》（源空《げんくう》）上人《しょうにん》の念仏（南無阿弥陀仏《なもあみだぶつ》）の教えに救いを見出されるのです。生きている限り、我執《がしゅう》や煩悩《ぼんのう》に束縛《そくばく》され、永遠に解放されることのない苦悩を抱《かか》えた私を救いの本命とされたのが阿弥陀如来《あみだにょらい》です。念仏（南無阿弥《なもあみ》陀仏《だぶつ》）は私が励《はげ》む行《ぎょう》ではなく、自分自身の無力と限界を知らされ、

この仏にすべて任《まか》せよ！

という仏の側からの声であったと目覚《めざ》められたのです。そして、救われがたき身が救われる道を静かな喜びとともに歩まれました。

私は個人的に、修行を否定するつもりはありません。成仏道としてストイック

（禁欲的）に修行の道を歩む行者《ぎょうじゃ》には尊敬の念さえ抱《いだ》きます。しかし、荒行そのものに価値を置くのであれば、川のコイやサケは滝行《たきぎょう》の連続ですし、山野を走り回っているサルやイノシシは回峰行《かいほうぎょう》のような毎日です。けれども、彼らには自己を問う心も道を求める心もありませんから、どれだけ滝に打たれようとも、どれほど山中を走り回ったとしても、それは日常生活の延長であって、修行とは言えないのです。

修行を通して見えてくるのは、己の小ささや愚《おろ》かさです。過酷な環境下での非日常的な体験が、頭の下がる世界への導入となるのです。ところが、中途半端な修行体験は、下がるはずの頭を逆にふんぞり返らせたり、のぼせ上がらせたりしてしまいます。

「私は厳しい修行に耐《た》えたんだ」

「俺は一般人にはできないことをやったんだ」

と自分を一段高いところに置いてしまうのです。これでは本末転倒で、何のための修行なのか理解に苦しみます。お坊さんに限らず、修行体験を自慢気に誇《ほこ》るような人は、本物の修行ができているとは思えません。

厳しい修行を通して成仏をめざす仏道は、特別な能力を持ち合わせた、限られた人間のみが歩むことのできる険《けわ》しい道です。釈尊《しゃくそん》は、快楽主義と苦行《くぎょう》主義を離れた「中道《ちゅうどう》」を説かれました。愛欲や快楽に走るのは、さとりを求める者のするべき行為ではなく、逆に肉体を激しく疲労消耗させるような行為も、正しい道を求める者の態度ではないとして退《しりぞ》け、両極端を離れる道こそが、真の目的にかなう道であると明《あ》かされました。

修行の真似事《まねごと》すらままならず、成仏の可能性0%の私のために、阿弥陀如来《あみだにょらい》・釈迦如来《しゃかにょらい》の二尊《にそん》が用意を整《ととの》えられたのが念仏の道でした。

よろづのこと、みなもつてそらごとたはごと、まことあることなきに、ただ念仏《ねんぶつ》のみぞまことにておはします。

（唯円《ゆいえん》『歎異抄《たんにしょう》』後序《ごじょ》）

昨年は一世を風靡《ふうび》した流行語も、今年になれば記憶から遠ざかり、もはや死語になりつつあります。昨今の世界経済は先行きが不透明で、ジェットコースターかフリーフォールにでも乗っているかのような恐怖を感じますし、国の政治も制度も揺《ゆ》らぐばかりです。

確かなものなど何一つない世界にあって、ただ一つ「真実」と呼べる南無阿弥《なもあみ》陀仏《だぶつ》こそが、世の闇《やみ》を照らし、私を陽の差す明るい方向へと導いてくれているのだと、親鸞聖人《しんらんしょうにん》は言いたかったのでしょう。

30

お葬式は人生の卒業式

世間では「葬儀《そうぎ》」とは別に「告別式《こくべつしき》」の表現が流行っているようです。告別式《こくべつしき》は文字どおり「**別**れを**告**げる**儀式**」です。告げる側も告げられる側も、「あの世」「天国」「冥土《めいど》」「黄泉《よみ》の国」など、死後の世界を表現する言葉は知っていても、ただ漠然としたイメージがあるだけの人が多いようです。知識はあっても信仰がなければ、行き先に確信を持つのは難しいでしょう。行き先が同じでなければ、永遠に闇《やみ》をさまようことになり、すれ違うばかりで再会が果たせるはずもありません。ですから、別れに重きを置いて、最後に永遠のサヨナラを告《つ》げるセレモニーが告別式《こくべつしき》です。その中で登場する代表的な言葉が「冥福《めいふく》を祈《いの》る」です。一般的に定型句や常套《じょうとう》句として用いられている言葉ですが、「冥」＝「暗闇」の意であり、「福」＝「幸福」です。『岩波仏教辞典』にも、「冥界《めいかい》（死後の世界）における幸福、また、死者の冥界《めいかい》での幸福を祈《いの》って仏事をいとなむこと」とあります。永遠の別れの場にはふさわしい言葉かもしれません。

それに対して、「葬儀《そうぎ》」は「葬送《そうそう》の儀《ぎ》式」です。故人を葬《ほうむ》り去るのではなく、再会を約束された世界へと送り出すのです。送るためには送り先が確かでなければなりません。宅配便でもタクシーでも同じことでしょう。送り先が確かであるからこそ、確信と安心を込めて送ることができるのです。

葬儀《そうぎ》では、遺族や一般会葬者の多くは礼服や喪服で参列されています。その中にあって、導師だけが煌《きら》びやかな装束《しょうぞく》に身を包んで登場します。カラスの群れの中にクジャクが一羽だけ迷い込んだようで、不自然にも感じられる光景です。普段は黒い衣を着用している場合の多い住職が、最も厳粛《げんしゅく》でしめやかな葬儀《そうぎ》の場で、場違いとも思える装《よそお》いになるのは、なぜなのでしょう？　あれは、新たな仏さまの誕生を祝福する姿を演じているのです。先に仏さまとして生まれ、私を迎える側になられた故人を讃《たた》えている姿です。故人は人間としての総決算を終えて、人生の卒業を迎えられましたが、それで何もかもが終わったのではありません。すでに、仏さまとしての新たな仕事が始まっているのです。迎えてくれる者の存在はこの上ない安心であり、その安心が私の生きる支えとなっている事実が、仏さまとしての仕事の確かさを証明しています。葬儀《そうぎ》は告別式《こくべつしき》のように、ただ悲しいだけのお別れ会ではありません。ご本人にとっては、人生の卒業式であり、残された者にとっては、浄土《じょうど》での再会を約束する儀《ぎ》式です。この度の別れは束《つか》の間であって、永遠のサヨナラではないのです。

また会える世界がある

この思いが、悲しみから新たな一歩を踏《ふ》み出させる力となります。亡き人は、自分なりの役目を果たして、人生のゴールを迎えられましたが、それで終わったのではありません。いまを懸命に走っている私たちの伴走者となって寄り添い、あ

るときには励《はげ》まし、あるときには慰《なぐさ》め、いつも声援を送ってくれているのです。
その声なき声こそが仏さまです。

『仏説阿弥陀経《ぶっせつあみだきょう》』には、たくさんの仏さまの名前が登場します。しかし、それはほんの一部であって、すべての仏名《ぶつみょう》を出し尽《つ》くせないために、

恒河沙数《ごうがしゃしゅ》の諸仏《しょぶつ》ましまして

と釈尊《しゃくそん》は言葉を添えられています。「ガンジス河の砂の数ほどの仏がおられる」という意味です。私たちの周りには、それほど限りない仏さまが満ちているのです。私たちの大応援団であり、故人も新たに、その仲間に加わられたのです。私を知り尽《つ》くした上で、同じ速度、同じ歩幅で、また会える世界へと確実に導いてくれている最上のナビゲーターです。

友引《ともびき》の葬儀《そうぎ》を避《さ》けたり、満中陰《まんちゅういん》（四十九日《しじゅうくにち》）の法事を三ケ月にかからないように早める行為は、亡き人を疫病神《やくびょうがみ》におとしめている態度に他なりません。亡き人が疫病神《やくびょうがみ》ではなく、すでに仏さまとして誕生されたからこそ、そのような間違いから抜け出せる千載一遇《せんざいいちぐう》の機会を恵まれたのです。

〝ともに〟の世界を恵まれている私たちです。悲しみを抱《いだ》きつつも絶望せず、〝いのち〟に真摯《しんし》に向き合う新たな歩みが、そこから始まります。葬儀《そうぎ》には悲しみと喜びの両方の気持ちが同居していて構わないのです。そのサヨナラには、「また会える世界」という向こう側があるのですから。涙の中にも笑顔の咲く葬《そう》儀《ぎ》があってもいいと私は思っています。

31

人生の体感速度は年齢に比例してスピードアップする

三十一日は毎月の締《し》め日であり、特に大晦日《おおみそか》は一年間の総決算日です。師走《しわす》を迎え「新語・流行語大賞」や「今年の漢字」が発表されると、否が応にも一年を振り返ることになるのですが、どうでもいいようなことに費《つい》やした時間も多かったと、毎年のように後悔と反省を繰り返す年の瀬です。

人生の体感速度は年齢に比例して加速する一方です。一日が二十四時間で一年が三六五日であることは、昔も現在も何ら違いはありませんが、体感速度は確実に速まっていると誰もが感じているのではないでしょうか？　小学五年生の息子は、

「お正月は、まだ来ないの～？」

と、お盆の前から早くも新年を待ち遠しく思っている様子です。ゆったりと時間が流れている証拠でしょう。スローライフの典型でうらやましくなります。十歳の子どもが時速一〇kmで人生を歩んでいると考えてみましょう。時速一〇kmは一

般市民ランナーがマラソンを走るぐらいのスピードです。これが二十歳になると時速二〇㎞で自転車程度の速度となり、五十歳ともなれば時速五〇㎞で自動車が走るスピードへと加速していきます。さらに八十歳ともなれば時速八〇㎞ですから、もはや高速道路を走行しているようなものでしょう。

近所に一〇三歳まで生きたおばあちゃんがいました。ご本人から晩年お聞きした中で、ずっと忘れられない衝撃の一言があります。

「人生〝あっ〟という間でした」

という言葉です。まだ、その半分も生きていない私にとって、一〇〇年は気の遠くなるような長い時間に思えますが、実際に生き抜いてきたご本人にしてみれば、それほど短く感じられたのでしょう。

以前、NHKカルチャーセンターで「終活《しゅうかつ》」講座の講師を務《つと》めた経験があります。終活《しゅうかつ》とは、人生の**終**わりに向けての準備**活**動という意味で、近年、世間でも関心が高まっているムーブメント（動向）です。

気がつけば

「忙しい」

が口癖になっている日常では、大切なことほど

「そのうちに」

と、ついつい後回しになりがちです。

死は、まるで想定外のように考えられていますが、死ぬ「とき」が決まっていないだけで、死ぬ「こと」は生まれた瞬間に決定済みの私たちです。死亡率は一〇〇％ですから例外はありません。余命を宣告され、ご本人も周囲も心の準備をし、十分な時間的猶予《ゆうよ》が与えられた中で迎えられる死もあれば、何の前触《まえぶ》れもなく、ある日、突然、不意に訪れる死もまた多くあります。

私はこれまでに、たくさんの人々の最期に関わりましたが、近親者を急に亡く

した悲しみと失意を抱《かか》えながらも、役所・金融機関・保険会社などの煩雑《はんざつ》な手続きに翻弄《ほんろう》される遺族の姿を幾度となく目の当たりにしてきました。残された者の負担を少しでも軽減できればとの思いで、預貯金口座番号から加入保険の証券に至るまで、私個人に関する情報をすべて一覧にして、すでに妻には渡してあります。

備《そな》えあれば憂《うれ》いなし

私なりに終活《しゅうかつ》の一環のつもりです。

まだまだ先があると思って過ごす今日一日と、残りはわずかかもしれないと考え、一分一秒を惜《お》しむ思いで生きる今日一日とでは、同じ二十四時間でも、重みと輝きが違ってきますから、必然的に物事の優先順位も変化するのではないで

しょうか？

生は死という同伴者をもつことで、いよいよその輝きを導く。

武満《たけみつ》　徹《とおる》（作曲家）

「死」を強く意識することが、「生」の意味を深くかみしめることにつながるのです。

おわりに

本書は、私自身の単著としては通算四冊目の著書になりますが、芸術や音楽と同じで、文筆もまた永遠に完成しない作品と向き合う作業であると痛感していいます。毎回「これでよし！」と納得のいくまで妥協せず、原稿に何度も推敲《すいこう》・添削《てんさく》・校正を重ねた末に校了を迎え、いよいよ出版の運びとなるのですが、手元に届いた初版を読み返してみると、「こう書くべきだった」「違う表現にするべきだった」と、反省と後悔の念が先んじて、出版の安堵《ど》と喜びを上回ってしまうのです。本書を最初に手にした今回の私も、きっと同じ気持ちで読んでいることでしょう。原稿が手元を離れた時点と再び戻ってきた時点とでは、自己評価も変化してしまっているのです。これも無常の身であるがゆえでしょう。今回の執筆に際して、過去の文章を読み返してみたのですが、あまりの稚拙《ちせつ》さに、恥《は》ずかしくてもどかしい気持ちになりました。しかし一方では、その冴《さ》えない文章の中にキラリと光る言葉が埋《う》もれていたり、過去の自分と再会したような不思議な感覚も抱《いだ》きました。もしかしたら、過去の方がもっといい文章を書けていたのかもしれませんし、現在がピークなのかもしれません。これから先、さらにいい言葉や表現が浮かぶこともあるかもしれません。しかし、現在・過去・未来は別人格と割りきって、今現在の持てる力のすべてを発揮して言葉を紡《つむ》ぐしかありません。

本文中でも述べましたが、人間の世界に言葉は必要不可欠です。本書が、私の知らない誰かと、私を知らない誰かとを結ぶ言葉の架《か》け橋になるとしたら、こんなに素晴らしいことはありません。ご笑覧《しょうらん》に感謝します。

完

【参考書籍】※敬称略・順不同

『浄土真宗聖典（註釈版）』本願寺出版社
『浄土真宗聖典　浄土三部経（現代語版）』本願寺出版社
『ブッダの真理のことば　感興のことば』中村元（岩波文庫）
『釈尊の道』小山一行（山喜房佛書林）
『親鸞のいいたかったこと』小山一行（山喜房佛書林）
『人生は価値ある一瞬《ひととき》』大谷光真（ＰＨＰ）
『いのち、見えるとき』本多静芳（法蔵館）
『高千穂正史遺文集～いのちのはなし～』（熊日出版）
『お浄土への地図』小林顕英（探究社）
『杖ことば』五木寛之（文春文庫）
『人生論ノート』三木清（新潮文庫）

『お天道さまは見ている』赤川浄友（国書刊行会）
『お星さまは知っている～おかげさまの心で～』赤川浄友（国書刊行会）
『相田みつを作品集』（文化出版局）
『新編 四季抄 風の旅』星野富弘（学習研究社）
『サラダ記念日』俵万智（河出書房新社）
『夜と霧（新版）』ヴィクトール・E・フランクル（みすず書房）
『トーマス・エジソン　神の仕事力』桑原晃弥（電波社）
『おかんメール3』制作委員会 編集（扶桑社）
『老いを楽しむ』柏木哲夫（東京新聞「生きる」コラム）

【著者】 吉《よし》村《むら》　隆《りゅう》真《しん》

1973（昭和48）年生まれ　満46歳
熊本県熊本市：良覚寺代表役員（住職）
本願寺派布教使（総局巡回特命布教講師）

浄土真宗本願寺派布教専修課程（第１期生）で最先端の伝道布教理論を学んだ後、本願寺にて布教研究職務従事者・布教研究専従職員（専属指導員兼任）として従事。宗門の最前線で４年間その実践に努める。地元ではNHKカルチャーセンター講師の経験も持つ。現在では法座や講演会の講師として、幅広く全国的に活動しつつ、『築地新報』への連載（2019年３月終了）他、各種団体機関誌・広報誌などへの執筆活動も行っている。『You Tube』の配信動画（web法話）でも人気を博している。

著書　『法話が好きになる本』『心が晴れる40のコトバ』
　　　『心を変える36のレシピ～目からウロコの深イイ法話～』

☆いずれも探究社よりロングラン好評発売中！

吉村隆真　検索　CLICK!

法話エッセイ
心の読み薬
～マインドフルネス処方箋～

令和二年一月十日 第一刷印刷
令和二年一月二十日 第一刷発行

著　者・吉村隆真
発行者・西村裕樹
発行所・株式会社 探究社
〒五二〇－〇〇二七 大津市錦織二丁目九－三〇－一〇一
電話・〇七七・五九九・四二〇一
振替・〇一三〇－六－二二一八五
印刷・株式会社大気堂
製本・西村製本紙工所

乱丁・落丁の場合はお取り替え致します。